Das große Test- und Trainingsbuch Italienisch

Beatrice Virendi, Livio Leghissa,
Maria Balì und Clara Mazzi

Das große Test-
und Trainingsbuch
Italienisch

Erfolgreiches Lernen
in Frage und Antwort

AXEL JUNCKER VERLAG

Die Autoren:

Beatrice Virendi erteilt seit mehr als 17 Jahren Italienisch-Unterricht. Sie ist als freiberufliche Dozentin in der Erwachsenenbildung tat tätig.

Livio Leghissa ist Buchautor, Übersetzer und langjähriger Dozent am Sprach- und Dolmetscherinstitut München.

Maria Balì, in Neapel geboren, ist Dozentin für Italienisch an der Universität Augsburg sowie in der Erwachsenenbildung. Sie arbeitet freiberuflich als Autorin und Übersetzerin.

Clara Mazzi, in Mailand geboren, hat Italianistik (Lettere moderne) studiert. Sie unterrichtete drei Jahre lang in Paris Italienisch und ist jetzt Lektorin für Italienisch an der Universität in Augsburg.

Umwelthinweis: gedruckt auf chlorfrei gebleichtem Papier

Hinweis für den Leser:
Alle Angaben in diesem Buch wurden sorgfältig geprüft. Dennoch kann für diese Angaben von den Autoren und vom Verlag keine Gewähr übernommen werden.

Umschlaggestaltung: Greenstuff, München
Zeichnungen im Innenteil: Ruth Botzenhardt/Werkstatt Gillhofer, München, und Claudia Gassenhuber, Augsburg

© 1999 by Axel Juncker Verlag GmbH, München
Druck: Graphische Betriebe Langenscheidt, Berchtesgaden
Printed in Germany
ISBN 3-558-72020-2

Inhalt

Vorwort

Mit diesem Band können Sie auf unterhaltsame Weise Ihre Italienisch-Kenntnisse testen und gleichzeitig verbessern. Nicht stures Pauken von Vokabeln ist gefragt. Vielmehr finden Sie hier weit über hundert amüsante Testfragen und die entsprechenden witzigen und informativen Lösungen, mit denen Sie Ihre Sprachkenntnisse locker trainieren.

Der Band gliedert sich thematisch in drei Teile:
Teil I umfasst Übungen zu Wortschatz und Grammatik. Mit Lückentests, Multiple-Choice-Fragen, Übersetzungsübungen u. a. können Sie testen, wie fit Sie in Wortschatz, Grammatik und Rechtschreibung sind.
Teil II widmet sich der Landeskunde und testet Ihr Wissen über Land und Leute – und natürlich Ihre Sprachkenntnisse.
Teil III beinhaltet „Wissenswertes & Amüsantes" wie beispielsweise Sprachspielereien, Zungenbrecher, Redewendungen, Sprichwörter, Rätsel, Witze, Rezepte und vieles mehr.

Die Konzeption ist einfach und überzeugend: Jeweils auf den rechten Seiten stehen die italienischen Testfragen samt Übersetzungshilfen. Um Ihre Antworten überprüfen zu können, blättern Sie lediglich um und finden auf den folgenden linken Seiten die Lösungen der Aufgaben. Die Kürze der Lerneinheiten ermöglicht ein zwangloses Arbeiten auch unterwegs oder wenn wenig Zeit zur Verfügung steht.

Damit Sie angesichts einer Flut unbekannter Vokabeln nicht gleich ins Schwimmen kommen, werden schwierige Wörter am Ende jeder Testfrage mit der deutschen Übersetzung angegeben. Falls Sie darüber hinaus anderen unbekannten Wörtern begegnen, empfehlen wir Ihnen, diese in einem Wörterbuch nachzuschlagen, damit Ihnen der Sinnzusammenhang klar wird.

Sollten Sie dennoch Probleme haben, den Sinn einer Testfrage zu verstehen, finden Sie die deutsche Übersetzung jeweils auf der nächsten Seite vor der Lösung. Also einfach nur umblättern, wenn Sie mal eine Frage nicht verstehen.

Und nun viel Vergnügen bei diesem etwas anderen Sprachtraining!

Wortschatz & Grammatik

1 Tornare alle radici

Indicate le parole base dei seguenti verbi (ad esempio:
canterellare – cantare)!

1. fischiettare   _____

2. giocherellare   _____

3. passeggiare   _____

4. ridacchiare   _____

5. salterellare   _____

6. piagnucolare   _____

2 Una piccola differenza – un grande effetto

Inserite la parola giusta al posto giusto!

1. famoso – famigerato[1]:

    Si dice che il _____ capo mafioso Toto Riina

    abbia avuto contatti con _____ uomini politici.

2. stupido – stupito:

    Il popolo italiano è talvolta _____, rendendosi conto

    di quanto _____ viene considerato dai suoi politici.

3. teste – testo:

    Davanti al giudice il _____ lesse un _____ preparato

    e disse:

4. ridere – ridire:

    „Sarebbe davvero da _____, se qualcuno avesse

    qualcosa da _____."

[1] **famigerato, -a** berüchtigt

1 Zurück zu den Wurzeln

Nennen Sie die Stammwörter folgender Verben (zum Beispiel:
canterellare vor sich hinsingen – *cantare* singen)!

1. **fischiettare**	vor sich hinpfeifen	**fischiare**	pfeifen
2. **giocherellare**	tändeln	**giocare**	spielen
3. **passeggiare**	umherschlendern, bummeln	**passare**	vorbeigehen
4. **ridacchiare**	grinsen, kichern	**ridere**	lachen
5. **salterellare**	hüpfen, hopsen	**saltare**	springen
6. **piagnucolare**	wimmern	**piangere**	weinen

2 Kleiner Unterschied – große Wirkung

Setzen Sie jeweils das richtige Wort an die richtige Stelle!

1. berühmt – berüchtigt
   Der <u>berüchtigte</u> Mafiaboss Toto Riina soll Kontakt mit
   <u>berühmten</u> Politikern gehabt haben.
2. dumm – verwundert
   Das italienische Volk ist manchmal <u>verwundert</u> darüber,
   für wie <u>dumm</u> es von seinen Politikern gehalten wird.
3. Zeuge – Text
   Vor Gericht las der <u>Zeuge</u> einen vorbereiteten <u>Text</u> vor
   und meinte dazu:
4. lachen – einwenden
   „Es wäre ja zum <u>Lachen</u>, wenn jemand etwas dagegen
   <u>einzuwenden</u> hätte."

▶ Lösung

1. **famigerato – famosi**
2. **stupito – stupido**
3. **teste – testo**
4. **ridere – ridire**

3 Sostantivo – Aggettivo

Formate l'aggettivo adatto dei seguenti sostantivi!

1. lode   _____

2. sport   _____

3. inverno   _____

4. baffo[1]   _____

5. triangolo _____

6. muscolo   _____

[1] **baffo** *m*   Schnurrbart

4 Plurale – singolare

Trovate il singolare dei seguenti sostantivi!

1. le braccia   _____

2. le paia   _____

3. le dita   _____

4. gli sci   _____

5. le virtú   _____

6. le orecchie _____

7. gli zii   _____

8. le superfici _____

9. le uova   _____

10. le serie   _____

3 Substantiv – Adjektiv

Bilden Sie zu den folgenden Substantiven das dazugehörige Adjektiv!

1. **la lode**   das Lob
2. **lo sport**   der Sport
3. **l'inverno**   der Winter
4. **il baffo**   der Schnurrbart
5. **il triangolo**   das Dreieck
6. **il muscolo**   der Muskel

▶ **Lösung**

1. **lodevole**   lobenswert
2. **sportivo**   sportlich
3. **invernale**   winterlich
4. **baffuto**   schnurrbärtig
5. **triangolare** dreieckig
6. **muscoloso**   muskulös

4 Mehrzahl – Einzahl

Finden Sie die Einzahl der folgenden Hauptwörter!

1. **le braccia**   die Arme   **il braccio**
2. **le paia**   die Paare   **il paio**
3. **le dita**   die Finger   **il dito**
4. **gli sci**   die Ski   **lo sci**
5. **le virtú**   die Tugenden   **la virtú**
6. **le orecchie**   die Ohren   **l'orecchio**
7. **gli zii**   die Onkel   **lo zio**
8. **le superfici** die Oberflächen **la superficie**
9. **le uova**   die Eier   **l'uovo**
10. **le serie**   die Reihen   **la serie**

5 Contrari

corto	difficile	brutto	minore	debole
sporco	cattivo	stretto	pessimo	peggiore

Formate coppie di contrari accoppiando le parole in cassetta
con quelle sotto elencate!

1. largo _____   6. maggiore _____

2. lungo _____   7. forte _____

3. pulito _____   8. facile _____

4. buono _____   9. bello _____

5. migliore _____   10. ottimo _____

6

Giochi di numeri

Cosa fa un italiano che ...

1. fa quattro passi?
2. fa quattro salti?
3. fa quattro chiacchiere?
4. mangia due spaghetti?

5

| kurz | schwierig | hässlich | kleiner | schwach |

schmutzig böse eng miserabel schlechter

Gegensätze

Stellen Sie die Wörter im Kasten mit den unten angegebenen zu Gegensatzpaaren zusammen!

▶ **Lösung**

1. **largo – stretto**   breit – eng
2. **lungo – corto**   lang – kurz
3. **pulito – sporco**   sauber – schmutzig
4. **buono – cattivo**   gut – böse
5. **migliore – peggiore** besser – schlechter
6. **maggiore – minore** größer – kleiner
7. **forte – debole**   stark – schwach
8. **facile – difficile**   einfach – schwierig
9. **bello – brutto**   schön – hässlich
10. **ottimo – pessimo**   ausgezeichnet – miserabel

6 Zahlenspielereien

Was macht ein Italiener, der ...

1. vier Schritte tut?
2. vier Sprünge tut?
3. vier Plaudereien macht?
4. zwei Spaghetti isst?

▶ **Lösung**

1. Er geht spazieren.
2. Er tanzt.
3. Er hält einen Schwatz.
4. Er isst einen Teller Nudeln.

7 Colori e sentimenti

I colori determinano la nostra vita ed esprimono i nostri senti-
menti. Negli esempi qui sotto inserite il colore adeguato.

1. divenire _____ di vergogna

2. diventar _____ di paura

3. avere un umore _____

4. passare una notte in _____

8 Calma e sangue freddo

Queste parole italiane hanno un suono simile, ma significati
completamente diversi. Inserite la parola giusta!

1. speso – spesso

　　a) Ho _____ molti soldi.

　　b) Ho _____ forti mali di testa.

2. rosa – rosea

　　a) Emilia ha la faccia _____.

　　b) Luisa ha una camicetta _____.

3. vite – vita

　　a) La mia _____ è rovinata.

　　b) La _____ viene potata.

4. tuta – tutta

　　a) Ho una nuova _____.

　　b) _____ la città fu distrutta.

7 Farben und Gefühle

Farben bestimmen unser Leben, und sie drücken unsere Gefühle aus. Setzen Sie die richtige Farbe in die nachstehenden Beispiele ein!

▶ **Lösung**

1. **divenire <u>rosso</u> di vergogna**   vor Scham erröten
2. **diventar <u>giallo</u> di paura**   blass vor Angst werden
3. **avere un umore <u>nero</u>**   übler Laune sein
4. **passare una notte in <u>bianco</u>**   eine schlaflose Nacht verbringen

! Der schwarze Humor heißt übrigens **umorismo nero**.

8 Ruhig Blut

Diese italienischen Begriffe klingen ähnlich, haben aber jeweils eine ganz andere Bedeutung. Setzen Sie das richtige Wort ein!

1. ausgegeben – oft
   a) Ich habe viel Geld <u>ausgegeben</u>.
   b) Ich habe <u>oft</u> starke Kopfschmerzen.

2. rosa – rosig
   a) Emilia hat ein <u>rosiges</u> Gesicht.
   b) Luisa hat eine <u>rosa</u> Bluse.

3. Weinstock – Leben
   a) Mein <u>Leben</u> ist verpfuscht.
   b) Der <u>Weinstock</u> wird beschnitten.

4. Trainingsanzug – ganz
   a) Ich habe einen neuen <u>Trainingsanzug</u>.
   b) Die <u>ganze</u> Stadt wurde zerstört.

▶ **Lösung**

1. a) **speso**   b) **spesso**
2. a) **rosea**   b) **rosa**
3. a) **vita**   b) **vite**
4. a) **tuta**   b) **tutta**

9 Superlativi poco ortodossi

Il normale superlativo esce in *-issimo*. Ad esempio: bravo, bravissimo. Ci sono però anche forme metaforiche[1] del superlativo, come ad esempio in tedesco *reich, steinreich*.
Completate analogamente le seguenti espressioni italiane!

1. ubriaco _____

2. veloce _____

3. bagnato _____

4. innamorato _____

5. stanco _____

[1] **metaforico, -a**   bildhaft

10 Piccole parole, tanto sentimento!

Quale sentimento esprime ciascuna delle seguenti interiezioni all'inizio della frase?

1. *Ohimè*, ma questo è un disordine spaventevole!

_____

2. *Suvvia!* Sbrigati, che è tardi!

_____

3. *Peccato!* Se avessi giocato al totocalcio oggi sarei ricco!

_____

4. *Perbacco!* Questa non me l'aspettavo!

_____

9 Unorthodoxe Superlative

Der normale Superlativ endet auf *-issimo*. Zum Beispiel: **bravo** tüchtig – **bravissimo** sehr tüchtig. Nun gibt es aber auch bildhafte Steigerungsformen wie im Deutschen, zum Beispiel *reich – steinreich*.

Ergänzen Sie die dementsprechenden italienischen Ausdrücke!

1. betrunken
2. schnell
3. nass
4. verliebt
5. müde

▶ Lösung

1. **ubriaco fradicio**	sturzbetrunken
2. **veloce come un fulmine**	blitzschnell
3. **bagnato fino alle ossa**	nass bis auf die Haut
4. **innamorato cotto**	unsterblich verliebt
5. **stanco morto**	todmüde

10 Kleine Worte, viel Gefühl!

Welches Gefühl drückt jeder der folgenden Ausrufe am Anfang des Satzes aus?

1. *Oje*, das ist ja ein fürchterliches Durcheinander!
2. *Los*, beeile dich, es ist spät!
3. *Schade*, wenn ich im Fußballtoto gespielt hätte, wäre ich heute ein reicher Mann!
4. *Donnerwetter!* Darauf war ich nicht gefasst!

▶ Lösung

1. **disperazione**	Mutlosigkeit
sconforto	Verzweiflung
2. **impazienza**	Ungeduld
3. **rammarico**	Kummer
rincrescimento	Bedauern
4. **disappunto**	Missstimmung
meraviglia	Verwunderung

11 I piccoli regali cementano l'amicizia

> regali
>
> presente
>
> dono
>
> donazione
>
> elargizioni

Inserite la parola giusta!

1. Per il suo compleanno ha ricevuto molti _____.

2. La città ha ricevuto il terreno come _____.

3. Le associazioni si finanziano con _____.

4. Questo è un _____ della nostra ditta.

5. La sua bellezza è un _____ di natura.

12 Falsi amici

Come si dice corretta-
mente?

1. Il signor Pessina
indossa[1] un sacco
alla moda.

2. Lo studente ha
ricevuto uno sti-
pendio per studiare
all'estero.

[1] **indossare**   tragen (Kleidung)

11 Kleine Geschenke erhalten die Freundschaft

Geschenke   Gabe
         Präsent   Schenkung   Spenden

Setzen Sie das richtige Wort ein!

1. Er hat zu seinem Geburtstag viele <u>Geschenke</u> bekommen.
2. Die Stadt hat das Grundstück als <u>Schenkung</u> erhalten.
3. Vereine finanzieren sich durch <u>Spenden</u>.
4. Das ist ein <u>Präsent</u> unserer Firma.
5. Ihre Schönheit ist eine <u>Gabe</u> der Natur.

▶ **Lösung**

1. **regali**
2. **donazione**
3. **elargizioni**
4. **presente**
5. **dono**

12 Falsche Freunde

Wie heißt es richtig?

1. Herr Pessina trägt einen modischen Sack.
2. Der Student hat ein Gehalt bekommen, um im Ausland zu studieren.

▶ **Lösung**

1. **Un sacco** ist ein Sack, ein modisches Sakko aber heißt **una giacca alla moda**.
2. Der Student erhält **una borsa di studio** ein Stipendium, kein **stipendio** Gehalt.

13 La femminilità nell'uomo

I sostantivi che terminano in -o sono normalmente maschili.
Ci sono però delle eccezioni.
Due delle seguenti parole sono femminili. Quali?

1. muro   5. medico
2. ragazzo   6. biro
3. mano   7. sindaco
4. fuoco

14 Indovinare le professioni

Come si chiama uno che ...

1. custodisce l'ingresso di una fabbrica? _____

2. è guardia carceraria? _____

3. scrive romanzi? _____

4. vende giornali? _____

13 Das Weibliche im Manne

Substantive, die mit **-o** enden, sind normalerweise männlich.
Es gibt aber einige Ausnahmen.
Zwei der folgenden Wörter sind weiblich. Welche?

1. Mauer   **5.** Arzt
2. Junge   **6.** Kugelschreiber
3. Hand   **7.** Bürgermeister
4. Feuer

▶ **Lösung**

    3. la mano   die Hand
    6. la biro   der Kugelschreiber *(vom Namen seines
                        ungarischen Erfinders L.G.Biró)*

14 Beruferaten

Wie heißt ein Mann, der ...

1. die Einfahrt einer Fabrik bewacht?
2. die Aufsicht im Gefängnis innehat?
3. Romane schreibt?
4. Zeitungen verkauft?

▶ **Lösung**

    1. portinaio   Pförtner
    2. secondino   Gefängniswärter
    3. romanziere   Romanschriftsteller
    4. giornalaio   Zeitungsverkäufer

15 Contrari

Premettendo *in-* oppure *s-* si dà ad aggettivi il senso contrario.
Formate in corrispondenza il contrario dei seguenti aggettivi!

1. cauto   _____

2. leggibile   _____

3. contento   _____

4. logico   _____

5. gradevole   _____

6. quieto   _____

16 Falsi amici

Come si dice correttamente?

1. Metto la mappa sottobraccio[1] e vado all'università.
2. Siamo stati alla messa del libro di Francoforte.

[1] **sottobraccio**   unter den Arm

15 Gegensätze

Durch ein vorangestelltes *in-* oder *s-* gibt man Adjektiven den
entgegengesetzten Sinn.
Bilden Sie dementsprechend das Gegenteil der folgenden
Adjektive!

1. **cauto**	vorsichtig	**incauto**	unvorsichtig
2. **leggibile**	leserlich	**illeggibile**	unleserlich
3. **contento**	zufrieden	**scontento**	unzufrieden
4. **logico**	logisch	**illogico**	unlogisch
5. **gradevole**	angenehm	**sgradevole**	unangenehm
6. **quieto**	ruhig	**inquieto**	unruhig

! Vorsicht bei **finito** vollendet; denn **infinito** heißt unendlich
und **sfinito** erschöpft. Der Gegensatz von **finito** lautet **incompiuto** unvollendet.

16 Falsche Freunde

Wie heißt es richtig?

1. Ich nehme den Plan unter den Arm und gehe in die
   Universität.
2. Wir waren auf der Frankfurter Buchmesse.

▶ **Lösung**

1. **La cartella** heißt die Mappe, **la mappa** aber der Plan,
   die Karte.
2. **La mostra** oder **la fiera** heißt die Ausstellung oder die
   Messe im geschäftlichen Bereich, die Messe in der Kirche
   aber oder der Gottesdienst heißt **la messa**.

17 L'articolo esatto

Ora qualcosa di molto semplice. Dovete solo inserire l'articolo esatto.

1. _____ studente va all'università.

2. Hai visto _____ film di Fellini ieri al cinema?

3. _____ amica di mia figlia è tedesca.

4. Sei pronta? _____ festa incomincia tra poco.

5. _____ albergo Miramare è chiuso per ferie.

18

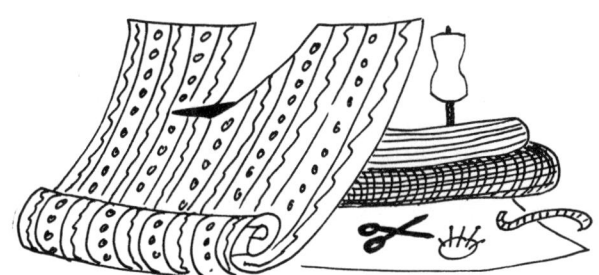

Non sbagliare il taglio!

Per tagliare ognuno usa l'utensile adatto:

1. il sarto   _____

2. il macellaio   _____

3. il chirurgo   _____

4. Solo il mietitore[1] ha bisogno eventualmente di due attrezzi:

_____ e _____

[1] **mietitore** *m*   Schnitter

17 Der richtige Artikel

Jetzt einmal etwas ganz Einfaches. Sie brauchen nur den richtigen Artikel einzusetzen.

1. <u>Der</u> Student geht zur Universität.
2. Hast du <u>den</u> Fellini-Film gestern im Kino gesehen?
3. <u>Die</u> Freundin meiner Tochter ist Deutsche.
4. Bist du fertig? <u>Die</u> Party beginnt in Kürze.
5. <u>Das</u> Hotel Miramare ist wegen Betriebsurlaubs geschlossen.

▶ **Lösung**

1. **lo studente**
2. **il film**
3. **l'amica**
4. **la festa**
5. **l'albergo**

Männlicher Artikel:	**il**	vor Konsonanten
	lo	vor **s** + Konsonant und vor **z**
	l'	vor Vokal
Weiblicher Artikel:	**la**	vor Konsonant
	l'	vor Vokal und vor **h**

18 Kein falscher Schnitt!

Jeder braucht zum Schneiden das richtige Gerät:

1. der Schneider
2. der Metzger
3. der Chirurg
4. Nur der Schnitter braucht unter Umständen zwei Werkzeuge

▶ **Lösung**

1. **le forbici**   die Schere
2. **il coltello**   das Messer
3. **il bisturi**   das Skalpell
4. **la falce messoria** die Sichel und **la falce fienaia** die Sense

19 Sapore sgradevole

Il suffisso -*accio*, -*accia* dà sempre alla parola base una colorazione negativa. Ad esempio: la donna, la donnaccia.
Cosa significano quindi i seguenti peggiorativi?

1. la lingua ＿＿＿＿＿ la linguaccia ＿＿＿＿＿＿

2. il tempo ＿＿＿＿＿ il tempaccio ＿＿＿＿＿＿

3. il ragazzo ＿＿＿＿＿ il ragazzaccio ＿＿＿＿＿＿

4. la roba ＿＿＿＿＿ la robaccia ＿＿＿＿＿＿

20 Composti ma semplici

Con i verbi *portare* e *parare* viene formata tutta una serie di nomi composti. Trovateli!

1. una persona che recapita[1] la posta

＿＿＿＿＿＿＿＿＿＿

2. un recipiente per la cenere delle sigarette

＿＿＿＿＿＿＿＿＿＿

3. il vetro anteriore dell'autovettura

＿＿＿＿＿＿＿＿＿＿

4. un'asta[2] di ferro sistemata[3] sul tetto per attirare il fulmine

＿＿＿＿＿＿＿＿＿＿

5. un dispositivo[4] per gettarsi dell'aereo

＿＿＿＿＿＿＿＿＿＿

---

[1] **recapitare** austragen, zustellen [3] **sistemare** anbringen
[2] **asta** *f* Stange [4] **dispositivo** *m* Gerät

19 Schlechter Beigeschmack

Die Nachsilbe *-accio*, *-accia* gibt dem Stammwort immer eine
negative Färbung. Zum Beispiel: **la donna** die Frau, **la donnaccia**
das böse Weib.
Was bedeuten demnach die folgenden Negativbegriffe?

▶ **Lösung**

1. **la lingua**   die Zunge   **la linguaccia**   das Lästermaul
2. **il tempo**   das Wetter   **il tempaccio**   das Unwetter
3. **il ragazzo**   der Junge   **il ragazzaccio**   der Lausbub
4. **la roba**   das Zeug   **la robaccia**   der Schund

20 Zusammengesetzt, aber einfach

Mit den Verben **portare** *tragen* und **parare** *schützen* wird eine
Reihe von zusammengesetzten Substantiven gebildet.
Finden Sie sie!

1. eine Person, die die Post austrägt
2. ein Behälter für die Zigarettenasche
3. die vordere Glasscheibe des Autos
4. eine Eisenstange auf dem Dach, um den Blitz anzuziehen
5. ein Gerät zum Abspringen aus dem Flugzeug

▶ **Lösung**

1. **portalettere**   Briefträger
2. **portacenere**   Aschenbecher
3. **parabrezza**   Windschutzscheibe
4. **parafulmine**   Blitzableiter
5. **paracadute**   Fallschirm

Substantive, die aus einem Verb und einem Substantiv be-
stehen, sind männlich: **il portalettere**. Wenn das Substantiv
in der Zusammensetzung männlich ist **(il fulmine)**, wird der
Plural regelmäßig gebildet: **i parafulmini**. In allen anderen
Fällen bleibt das Wort im Plural unverändert: **i parabrezza**.

21 Mentre o durante?

Il tedesco *während* si traduce in italiano con *mentre* o *durante*.
Allora quando si usa quale? Inserite in queste frasi la rispettiva
parola esatta!

1. _____ la cena abbiamo parlato di politica.

2. Ha telefonato Marcello _____ stavo facendo
la doccia[1].

3. Di solito _____ leggo ascolto la musica clas-
sica.

4. _____ lo spettacolo non si può fumare.

[1] **fare la doccia**   duschen

22 Giochi coi numeri

1. Un terzo è la terza parte. Ma che cos'è un terzino?
  a) un difensore (sport)
  b) un tiro[1] a tre cavalli

2. Un quarto è la quarta parte. Ma che cos'è un quartiere?
  a) una poesia di quattro versi
  b) un rione[2] cittadino

3. Un quinto è la quinta parte. Ma che cos'è un quintale?
  a) cento chili
  b) un pentagono

4. Un sesto è la sesta parte. Ma che cos'è un sestante?
  a) l'arco di una porta
  b) uno strumento astronomico

[1] **tiro** *m*   Gespann
[2] **rione** *m*   Viertel, Stadtteil

21 Während oder während?

Das deutsche *während* übersetzt man im Italienischen mit
mentre oder **durante**. Doch wann gebraucht man welches?
Fügen Sie das jeweils richtige Wort in diese Sätze ein!

1. <u>Während</u> des Abendessens haben wir über Politik geredet.
2. Marcello hat angerufen, <u>während</u> ich geduscht habe.
3. <u>Während</u> ich lese, höre ich meistens klassische Musik.
4. <u>Während</u> der Vorstellung darf man nicht rauchen.

▶ **Lösung**

1. durante
2. mentre
3. mentre
4. durante

Auf die Konjunktion **mentre** folgt immer ein Verb, auf die
Präposition **durante** immer ein Substantiv.

22 Zahlenspielereien

1. **Un terzo** ist ein Drittel. Aber was ist **un terzino?**
   a) ein Verteidiger (im Sport)
   b) ein Gespann mit drei Pferden

2. **Un quarto** ist ein Viertel. Aber was ist **un quartiere?**
   a) ein Gedicht aus vier Zeilen
   b) ein Stadtviertel

3. **Un quinto** ist ein Fünftel. Aber was ist **un quintale?**
   a) hundert Kilo (ein Doppelzentner)
   b) ein Fünfeck

4. **Un sesto** ist ein Sechstel. Aber was ist **un sestante?**
   a) ein Torbogen
   b) ein astronomisches Gerät (ein Sextant)

▶ **Lösung**

1. a) 2. b) 3. a) 4. b)

23 Contrari

Qual è il contrario delle seguenti parole?

1. la notte
2. la ricchezza
3. l'odio
4. il freddo
5. la pace

24 Rebus

Inserite nelle caselle previste le parole italiane della soluzione.
Le lettere marcate, leggendole dall'alto al basso, danno il nome
d'un apparecchio quasi indispensabile nella cucina.

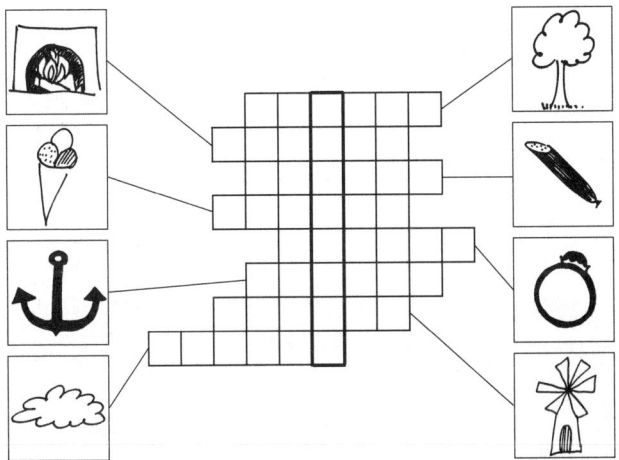

23 Gegenteile

Was ist das Gegenteil der folgenden Wörter?

1. die Nacht
2. der Reichtum
3. der Hass
4. die Kälte
5. der Frieden

▶ **Lösung**

1. **il giorno**   der Tag
2. **la povertà**   die Armut
3. **l'amore**   die Liebe
4. **il caldo**   die Wärme
5. **la guerra**   der Krieg

24 Bilderrätsel

Setzen Sie die italienischen Lösungsworte in die dafür vorgesehenen Kästchen. Die gekennzeichneten Buchstaben ergeben, von oben nach unten gelesen, den Namen eines Geräts, das in der Küche fast unerlässlich ist.

▶ **Lösung**

bilancia   Waage

	A	L	B	E	R	O	
C	A	M	I	N	O		
	S	A	L	A	M	E	
G	E	L	A	T	O		
	A	N	E	L	L	O	
	A	N	C	O	R	A	
	M	U	L	I	N	O	
N	U	V	O	L	A		

25 Errori tipici

Nelle seguenti frasi abbiamo introdotto clandestinamente[1] alcuni errori tipici degli stranieri che imparano l'italiano. Provate a correggerli!

1. Ciao, signora Mazzolari, come sta?
2. Mia sorella gioca bene il violino.
3. Vado sempre in ufficio in piedi.

[1] **clandestino, -a**   heimlich

26 Piccolo, ma falso

Non è tutt'oro quel che lucicca e non tutto è cosí piccolo quanto sembra.
-ino ed -etto sono normalmente suffissi del diminutivo, ma non nei seguenti casi. Cosa significano i falsi diminutivi?

1. il merlo	die Amsel	il merletto	_____
2. il collo	der Hals	il colletto	_____
3. il tacco	der Absatz	il tacchino	_____
4. il banco	die Bank	il banchetto	_____
5. il padre	der Vater	il padrino	_____

25 Typische Fehler

In den folgenden Sätzen haben wir einige typische Fehler von
Ausländern, die Italienisch lernen, eingeschmuggelt. Versuchen
Sie sie zu korrigieren!

1. Hallo, Frau Mazzolari, wie geht es Ihnen?
2. Meine Schwester spielt gut Geige.
3. Ich gehe immer stehend ins Büro.

▶ Lösung

1. Buongiorno/Buonasera, signora Mazzolari, come sta?

! **Ciao** wird nur unter Leuten benutzt, die sich duzen, und
• zwar zur Begrüßung und zum Abschied.

2. Mia sorella suona bene il violino.

! Das Spielen von Instrumenten heißt **suonare**.
• **giocare** bezieht sich auf Spielzeug oder Spiele.

3. Vado sempre in ufficio a piedi.

A piedi heißt zu Fuß, **in piedi** stehend.
! **alzarsi in piedi** aufstehen
• **essere in piedi** stehen

26 Klein, aber falsch

Es ist nicht alles Gold, was glänzt. Und es ist nicht alles so
klein, wie es scheint.
-etto und **-ino** sind zwar italienische Verkleinerungssilben, nicht
aber in diesen Fällen.
Was bedeuten die scheinbaren Verkleinerungen?

▶ Lösung

1. **il merletto** die Spitze
2. **il colletto** der Kragen
3. **il tacchino** der Truthahn
4. **il banchetto** das Bankett
5. **il padrino** der Pate

27 Falsi amici

Come si dice correttamente?

1. Mio figlio ha preso una buona nota a scuola.
2. Ha già ammirato la vasta paletta della nostra offerta?

28 Rumori

baccano   chiasso   frastuono   schianto
bisbiglio   detonazione   urlo

Un dizionario italiano dei sinonimi riporta 185 sinonimi della parola *rumore*. Gli Italiani, un popolo di fracassoni[1]?
Noi ci accontentiamo ad ogni modo di sette espressioni.
Inserite la parola giusta!

1. L'albero cadde al suolo con uno _____ .

2. I ragazzi facevano un _____ .

3. Qui non si sente bene, c'è troppo _____ .

4. La bomba esplose con una tremenda _____ .

5. Di notte non si può dormire per il _____ del traffico.

6. Si udiva solo l'_____ del vento.

7. Solo il _____ delle preghiere si poteva udire.

[1] **fracassone** *m*   Krachmacher

27 Falsche Freunde

Wie heißt es richtig?

1. Mein Sohn hat eine gute Notiz in der Schule bekommen.
2. Haben Sie schon die breite Schaufel unseres Angebots be-
   wundert?

▶ **Lösung**

1. **Un buon voto** eine gute Note ist richtig, denn **la nota**
   heißt die Notiz oder die Musiknote.
2. **La gamma** ist die Palette eines Angebots, **la paletta** aber
   heißt die Schaufel.

28 Geräusche

Heidenlärm   Lärm   Verkehrslärm   Krach   Flüstern   Knall   Heulen

Ein italienisches Synonymwörterbuch nennt 185 sinnverwandte
Ausdrücke für das Wort **rumore** Geräusch. Die Italiener ein Volk
von Krachmachern?
Wir begnügen uns jedenfalls mit sieben Begriffen. Setzen Sie
das richtige Wort ein!

1. Der Baum stürzte mit einem <u>Krach</u> zu Boden.
2. Die Kinder machten einen <u>Heidenlärm</u>.
3. Hier hört man nicht gut, der <u>Lärm</u> ist zu groß.
4. Die Bombe explodierte mit einem furchtbaren <u>Knall</u>.
5. Nachts kann man nicht schlafen wegen des <u>Verkehrslärms</u>.
6. Man hörte nur das <u>Heulen</u> des Windes.
7. Nur das <u>Flüstern</u> der Gebete war zu vernehmen.

▶ **Lösung**

1. schianto
2. baccano
3. chiasso
4. detonazione
5. frastuono
6. urlo
7. bisbiglio

29 Due passati

Mettete le seguenti frasi al passato remoto!

1. Ieri sera ho mangiato al ristorante. Quel giorno

_____ al ristorante.

2. Ieri pomeriggio Giulio e Maria hanno giocato a tennis.

Un pomeriggio Giulio e Maria _____ a tennis.

3. L'altro ieri siamo andate al cinema. Quella domenica

_____ al cinema.

30 Verbo – sostantivo

Formate dai seguenti verbi i relativi sostantivi!

1. inseguire   _____

2. costringere   _____

3. espellere   _____

4. distruggere   _____

5. cadere   _____

6. dipendere   _____

29 Zwei Vergangenheiten

Setzen Sie die folgenden Sätze ins **passato remoto** (historisches Perfekt)!

1. Gestern Abend habe ich im Restaurant gegessen.
   An jenem Tag <u>aß ich</u> im Restaurant.
2. Gestern Nachmittag haben Giulio und Maria Tennis gespielt.
   Eines Nachmittags <u>spielten</u> Giulio und Maria Tennis.
3. Vorgestern sind wir ins Kino gegangen.
   An jenem Sonntag <u>gingen wir</u> ins Kino.

▶ **Lösung**

1. **mangiai**
2. **giocarono**
3. **andammo**

Das **passato remoto** schildert eine in der Vergangenheit abgeschlossene, „historische" Handlung. Sollen vergangene Vorgänge aktualisiert werden, oder reicht die Handlung in die Gegenwart hinein, verwendet man das **passato prossimo** (Perfekt).

30 Verbum – Substantiv

Bilden Sie von den folgenden Verben die dazugehörigen Substantive!

1. verfolgen   4. zerstören
2. zwingen   5. fallen
3. ausschließen   6. abhängen

▶ **Lösung**

1. **l'inseguimento** die Verfolgung
2. **la costrizione** der Zwang
3. **l'espulsione**   der Ausschluss
4. **la distruzione** die Zerstörung
5. **la caduta**   der Fall
6. **la dipendenza**   die Abhängigkeit

31 Pane

Che cosa sia il pane ognuno lo sa. Ma che cosa è ...

1. un panificio?
2. una panetteria?
3. un paniere?
4. un panino?
5. un panettone?

32 Allegri avventori[1]

„Prost" lo dicono i tedeschi in un cerchio socievole. Gli Italiani hanno molte più espressioni. Una però non è esatta. Quale?

[1] **avventore** *m*   Zecher

31 Brot

Pane heißt Brot, das weiß jeder. Was aber ist ...

1. **un panificio?**
2. **una panetteria?**
3. **un paniere?**
4. **un panino?**
5. **un panettone?**

▶ **Lösung**

1. eine Bäckerei, Backstube
2. ein Bäckerladen
3. ein Brotkorb
4. ein Brötchen, eine Semmel, ein belegtes Brot
5. ein Panettone *(Weihnachtskuchen)*

32 Fröhliche Zecher

„Prost" sagen die Deutschen in geselliger Runde. Die Italiener haben noch mehr Ausdrücke. Einer passt aber nicht. Welcher?

▶ **Lösung**

pronta guarigione   gute Besserung

! **Brindisi** hat übrigens nichts mit der gleichnamigen Stadt in Apulien zu tun.

33 Falsi amici

Come si dice correttamente?

1. Il contabile[1] della firma è andato in pensione.
2. Ha già visto i freschi di Michelangelo nella Cappella Sistina?

[1] **contabile** *m*   Buchhalter

34 Falsi amici

Come si dice correttamente?

1. L'ago del compasso indica sempre il nord.
2. La società ha dichiarato concorso.

35 Falsi amici

Come si dice correttamente?

1. Abbiamo alloggiato in un convento di nonne.
2. I paesi industriali vogliono proteggere meglio le loro patenti.

33 Falsche Freunde

Wie heißt es richtig?

1. Der Buchhalter der Unterschrift ist in Rente gegangen.
2. Haben Sie Michelangelos Frische in der Sixtinischen Kapelle schon gesehen?

▶ **Lösung**

1. **La firma** heißt die Unterschrift, die Firma aber **la ditta**.
2. **Freschi** kommt von **fresco** frisch, die Fresken heißen **gli affreschi**.

34 Falsche Freunde

Wie heißt es richtig?

1. Die Nadel des Zirkels zeigt immer nach Norden.
2. Die Gesellschaft hat Wettbewerb angemeldet.

▶ **Lösung**

1. **Il compasso** heißt der Zirkel, **la bussola** aber der Kompaß.
2. **Il concorso** heißt der Wettbewerb, **il fallimento** aber der Konkurs.

35 Falsche Freunde

Wie heißt es richtig?

1. Wir haben in einem Großmütterkloster gewohnt.
2. Die Industrieländer wollen ihre Führerscheine besser schützen.

▶ **Lösung**

1. **Le nonne** sind die Großmütter, die Nonnen heißen **le suore**, die Schwestern also.
2. Ihre Patente heißen **i loro brevetti**, **le patenti** dagegen sind die Führerscheine.

36 Sostantivi capricciosi

La formazione di sostantivi segue le sue proprie leggi, e queste
spesso non sono tanto chiare.
Formate i sostantivi di ...

1. indulgente   _____

2. buono   _____

3. fresco   _____

4. famoso   _____

5. triste   _____

6. astuto   _____

37 Odori buoni e cattivi

fragranza	aroma	profumo
	puzza	miasma

Correlate gli odori alla loro rispettiva origine!

1. caffè tostato
2. fumaiolo[1] di fabbrica
3. fiori
4. acqua stagnante[2]
5. pane fresco

[1] **fumaiolo** *m*   Schlot
[2] **stagnante**   sumpfig, abgestanden

36 Eigenwillige Substantive

Die Bildung von Substantiven folgt ihren eigenen Gesetzen,
und die sind oft nicht durchschaubar.
Bilden Sie die Substantive von …

1. nachsichtig   4. berühmt
2. gut   5. traurig
3. frisch   6. listig

▶ **Lösung**

1. **la indulgenza**   die Nachsicht
2. **la bontà**   die Güte
3. **la freschezza**   die Frische
4. **la fama**   die Berühmtheit
5. **la tristezza**   die Traurigkeit
6. **l'astuzia**   die List

37 Gute und schlechte Gerüche

Wohlgeruch   Gestank   Aroma   Gifthauch   Duft

Ordnen Sie die Gerüche dem richtigen Ursprung zu!

1. gerösteter Kaffee
2. Fabrikschlot
3. Blumen
4. sumpfiges Wasser
5. frisches Brot

▶ **Lösung**

1. **aroma**   Aroma
2. **miasma**   Gifthauch
3. **profumo**   Duft
4. **puzza**   Gestank
5. **fragranza** Wohlgeruch

38 Tutto sul bianco

in bianco   nero su bianco   di punto in bianco   in bianco

in bianco

Scegliete la forma idiomatica giusta!

1. Tutto quello che è successo è su questo foglio,

_____ .

2. Devi mangiare leggero per qualche giorno. Ti preparo il

riso _____ .

3. _____ ha deciso di partire per l'America.

4. I nostri vicini hanno fatto molto rumore questa notte, quindi

abbiamo passato la notte _____ .

5. Ha sottoscritto un assegno _____ .

39 Piccole differenze

Con il genere certe parole modificano anche il loro significato.
Conoscete la differenza?

1. la bolla   _____   il bollo   _____

2. la casa   _____   il caso   _____

3. la porta   _____   il porto   _____

4. la fronte   _____   il fronte   _____

38 Ganz in Weiß

Suchen Sie die richtige idiomatische Form aus!

1. Alles, was geschehen ist, steht auf diesem Blatt, <u>schwarz auf weiß</u>.
2. Du mußt ein paar Tage leichte Kost essen. Ich koche dir einen <u>blanken</u> Reis.
3. <u>Plötzlich</u> hat er beschlossen, nach Amerika zu fahren.
4. Unsere Nachbarn haben heute Nacht viel Lärm gemacht, daher haben wir eine <u>schlaflose</u> Nacht verbracht.
5. Er hat einen <u>Blanko</u>scheck unterschrieben.

▶ **Lösung**

1. **nero su bianco**	schwarz auf weiß
2. **in bianco**	blank, nicht angemacht (nur mit Öl oder Butter und Parmesan)
3. **di punto in bianco**	plötzlich, von einer Minute auf die andere
4. **in bianco**	schlaflos
5. **in bianco**	Blanko...

! Und eine Woche im Schnee verbringen heißt: **passare una settimana bianca.**

39 Kleine Unterschiede

Mit dem Geschlecht verändern manche Worte auch ihre Bedeutung.
Kennen Sie den Unterschied?

▶ **Lösung**

1. **la bolla**	die Blase	**il bollo**	der Stempel
2. **la casa**	das Haus	**il caso**	der Zufall
3. **la porta**	die Tür	**il porto**	der Hafen
4. **la fronte**	die Stirn	**il fronte**	die Front

40 Due sul colpo

Ciascuna delle parole cercate ha due significati completamente diversi.

1. scopa; proiettile d'artiglieria   _____

2. motoscafo; antica arma da lancio   _____

3. parte del corpo umano fra la testa e il torace[1]; pacco, balla

_____

4. dito con due falangi[2]; misura di lunghezza inglese

_____

5. uccello trampoliere[3]; macchina per sollevare pesi

_____

[1] **torace** m	Brustkorb
[2] **falange** f	Knochenglied
[3] **uccello** m **trampoliere**	Stelzvogel

41 Sportivo

Come si chiama lo sport ...

1. della montagna?   _____

2. praticato da chi va a cavallo?   _____

3. della bicicletta?   _____

4. dell'automobile?   _____

5. della motocicletta?   _____

6. del canotto[1]?   _____

[1] **canotto** m   Ruderboot

40 Zwei auf einen Schlag

Jedes der gesuchten Wörter hat zwei grundverschiedene Bedeutungen.

1. Besen; Artilleriegeschoss
2. Motorboot; alte Wurfwaffe
3. Körperteil zwischen Kopf und Brustkorb; Frachtstück
4. Finger mit zwei Gliedern; englisches Längenmaß
5. Stelzvogel; Hebemaschine

▶ Lösung

1. **granata**	Besen; Granate
2. **lancia**	Boot; Lanze
3. **collo**	Hals; Frachtstück
4. **pollice**	Daumen; Zoll
5. **gru**	Kranich; Kran

41 Sportlich

Wie heißt der Sport ...

1. im Gebirge?
2. zu Pferd?
3. auf dem Fahrrad?
4. mit dem Auto?
5. mit dem Motorrad?
6. mit dem Ruderboot?

▶ Lösung

1. **alpinismo**	Bergsteigen
2. **equitazione**	Reiten
3. **ciclismo**	Radsport
4. **automobilismo**	Autosport
5. **motociclismo**	Motorradsport
6. **canottaggio**	Rudersport

42 Una volta così, una volta cosà

Completate le frasi con *di* oppure con *che!*

1. È una donna più bella _____ intelligente.

2. È preferibile aspettare piuttosto _____ precipitare.

3. Alla manifestazione hanno preso parte più _____ mille persone.

4. Penso di esser stato trattato in maniera più _____ severa.

5. Lui è stato trattato molto meno severamente _____ me.

6. Lui è più furbo[1] _____ tutti gli altri messi assieme.

7. Vi preoccupate più dei fatti altrui _____ di voi stessi.

[1] **furbo, -a** schlau

43 Falsi amici

Come si dice correttamente?

1. La macchina parte come una racchetta.
2. In cucina c'è un regalo pieno di bottiglie vuote.

42 Mal so, mal so

Ergänzen Sie die Sätze durch Einsetzen von **di** oder **che**!

1. Sie ist eine eher schöne <u>als</u> intelligente Frau.
2. Es ist besser, abzuwarten, <u>als</u> zu überstürzen.
3. An der Kundgebung haben mehr <u>als</u> tausend Menschen teilgenommen.
4. Ich bin der Meinung, dass ich mehr <u>als</u> streng behandelt wurde.
5. Er ist weitaus weniger streng behandelt worden <u>als</u> ich.
6. Er ist schlauer <u>als</u> alle anderen zusammen.
7. Ihr kümmert euch mehr um fremde Angelegenheiten <u>als</u> um euch selbst.

▶ **Lösung**

1. che   2. che   3. di   4. che   5. di   6. di   7. che

> **di** steht bei einem direkten Vergleich zwischen zwei Personen oder Sachen sowie vor Zahlen;
> **che** steht vor Substantiven, Adjektiven, Adverbien, Präpositionen und Verben.

43 Falsche Freunde

Wie heißt es richtig?

1. Das Auto geht ab wie ein Schläger.
2. In der Küche ist ein Geschenk voll leerer Flaschen.

▶ **Lösung**

1. Richtig heißt es **un razzo** eine Rakete, denn **la racchetta** ist der Schläger *(z.B. im Tennis)*.
2. **Un regalo** ist ein Geschenk, ein Regal aber heißt **uno scaffale**.

44 Piccolezze

Esiste in italiano tutta una serie di vezzeggiativi[1] e diminutivi.
Tali parole terminano per lo piú in *-(ic)ino, -(ic)ina* oppure *-etto,
-etta.*

1. Quali sono quindi i diminutivi di ...
- **a)** libro?   _____
- **b)** busta?   _____
- **c)** mano?   _____

2. E che cosa significano invece le forme pure diminutive ...
- **a)** libretto?   _____
- **b)** bustarella?   _____
- **c)** manette?   _____

[1] **vezzeggiativo** *m*   Koseform

45 Che sapore ha?

Abbinate i nomi della colonna di sinistra con i sapori di quella
di destra.

1. gelato	**a)** amaro
2. calzone	**b)** piccante
3. limone	**c)** dolce
4. peperoncino	**d)** salato
5. caffè nero	**e)** agro

44 Kleinigkeiten

Es gibt eine Reihe von Kose- und Verkleinerungsformen im Italienischen. Meistens enden solche Wörter dann auf *-(ic)ino*, *-(ic)ina* oder *-etto*, *-etta*.

1. Wie heißen also die Verkleinerungen von …
   a) Buch?
   b) Briefumschlag?
   c) Hand?

2. Und was bedeuten demgegenüber die ebenfalls verkleinerten Formen …
   a) libretto?
   b) bustarella?
   c) manette?

▶ **Lösung**

1. a) **libricino**   Büchlein
   b) **bustina**   kleiner Umschlag
   c) **manina**   Händchen
2. a) **libretto**   Textbuch von Opern
   b) **bustarella** Schmiergeld
   c) **manette**   Handschellen

45 Wie schmeckt es?

Stellen Sie die Wörter in der linken Spalte mit den Geschmacksbezeichnungen in der rechten zusammen.

1. Eis   a) bitter
2. Calzone   b) scharf
3. Zitrone   c) süß
4. Pfefferschote   d) salzig
5. schwarzer Kaffee   e) sauer

▶ **Lösung**

1. c)   2. d)   3. e)   4. b)   5. a)

46 Facciamo la spesa!

Abbinate le quantità con i cibi!

1. dei   a) prosciutto
2. due fettine di   b) spinaci
3. un litro di   c) frutta
4. della   d) vitello
5. tre etti di   e) latte
6. degli   f) carciofini sottaceto

47 Essere o avere

Inserite la giusta forma verbale di *essere* o *avere*!

1. Dopo tali fatiche mi _____ dovuto riposare.

2. Quanto _____ costato il tuo bel vestito?

3. _____ piovuto ininterrottamente[1] per giorni e giorni.

4. Il film che ho visto ieri non mi _____ piaciuto.

5. Mi _____ sembrato di riconoscerlo.

6. Noi _____ camminato per diverse ore.

7. Nella mia giovinezza _____ viaggiato per tutta l'Europa.

8. Mario _____ vissuto due anni a Parigi.

[1] **ininterrottamente** ununterbrochen

46 Gehen wir einkaufen!

Kombinieren Sie die Mengen mit den Lebensmitteln!

1. einige		**a)** Schinken
2. zwei Schnitzel		**b)** Spinat
3. ein Liter		**c)** Obst
4. etwas		**d)** Kalbfleisch
5. dreihundert Gramm		**e)** Milch
6. etwas		**f)** eingelegte Artischocken

▶ **Lösung**

1. f)   2. d)   3. e)   4. c)   5. a)   6. b)

47 Sein oder haben

Setzen Sie die richtige Verbform von ***essere*** *sein* oder ***avere*** *haben* ein!

1. Nach solchen Anstrengungen <u>habe</u> ich mich ausruhen müssen.
2. Wieviel <u>hat</u> dein schönes Kleid gekostet?
3. Es <u>hat</u> tagelang ununterbrochen geregnet.
4. Der Film, den ich gestern gesehen habe, <u>hat</u> mir nicht gefallen.
5. Ich <u>hatte</u> das Gefühl, ihn wiedererkannt zu haben.
6. Wir <u>sind</u> mehrere Stunden gelaufen.
7. In meiner Jugend <u>bin</u> ich durch ganz Europa gereist.
8. Mario <u>hat</u> zwei Jahre lang in Paris gelebt.

▶ **Lösung**

1. sono	**5.** è
2. è	**6.** abbiamo
3. ha	**7.** ho
4. è	**8.** è

48 Andare con e senza piedi

andare in onda   andare a male
          andare a passeggio   andare a ruba

Qui un paio di modi di dire con il verbo *andare*. Solo rara-
mente ha veramente il significato di andare. Conoscete queste
espressioni?

1. Per il caldo la carne _____ .

2. È un programma che _____ ogni giovedí.

3. Ogni domenica il signore Zardoni _____ .

4. Il nuovo libro di Umberto Eco _____ .

49 I musicisti di Brema

Che „musica" fanno questi animali?

1. l'asino   **a)** canta
2. il cane   **b)** miagola
3. il gatto   **c)** raglia
4. il gallo   **d)** abbaia

48 Gehen mit und ohne Füße

Hier ein paar Redewendungen mit dem Verbum **andare**. Nur selten hat es dabei die eigentliche Bedeutung gehen. Kennen Sie diese Ausdrücke?

1. Wegen der Hitze ist das Fleisch verdorben.
2. Das ist ein Programm, das jeden Donnerstag gesendet wird.
3. Jeden Sonntag vormittag geht Herr Zardoni spazieren.
4. Das neue Buch Umberto Ecos findet reißenden Absatz.

▶ **Lösung**

1. **è andata a male**   es ist verdorben
2. **va in onda**   es wird gesendet
3. **va a passeggio**   er geht spazieren
4. **va a ruba**   es findet reißenden Absatz

Nach **andare** sind nur folgende Präpositionen möglich:

a: Städte: **vado a Milano** ich fahre nach Mailand
       Verben: **andiamo a mangiare** wir gehen essen
in: Länder: **vanno in Italia** sie fahren nach Italien
       Verkehrsmittel: **vai in treno** du fährst mit dem Zug
da Personen: **va da un amico** er geht zu einem Freund

---

49 Die Bremer Stadtmusikanten

Welche „Musik" machen diese Tiere?

1. der Esel   **a)** kräht
2. der Hund   **b)** miaut
3. die Katze   **c)** iaht
4. der Hahn   **d)** bellt

▶ **Lösung**

1. c)   2. d)   3. b)   4. a)

50 Frasi a pezzi

Qui si sono mischiati i singoli elementi della frase. Ricostruite le frasi mettendo le parole al posto giusto!

1. chi   sapete   ?   l'opera
    scritto   ha   *Il principe*

2. quando   l'opera   sapete   scritta
    ?   è stata

3. dell'opera quando   sapete   dove
    ?   è nato   e   l'autore

51 Gioco d'azzardo

Quale verbo va meglio d'accordo con le seguenti locuzioni?

1. _____ a piedi

2. _____ a casaccio[1]

3. _____ a terra

4. _____ a vanvera[2]

5. _____ a memoria

6. _____ a catinelle[3]

[1] **a casaccio** aufs Geratewohl
[2] **a vanvera**   ins Blaue hinein
[3] **a catinelle** in Strömen

50 Satzfetzen

Hier sind die einzelnen Satzteile durcheinandergeraten. Bauen Sie die Sätze wieder auf, indem Sie die Wörter an die richtige Stelle setzen!

1. wer   wissen Sie   ?   das Werk
      geschrieben hat   *Der Fürst*
2. wann   das Werk   wissen Sie   geschrieben
      ?   wurde
3. des Werkes wann   wissen Sie   wo
      ?   ist geboren und   der Autor

▶ **Lösung**

1. **Sapete chi ha scritto l'opera *Il principe*?**
   Wissen Sie, wer das Werk *Der Fürst* geschrieben hat?
2. **Sapete quando è stata scritta l'opera?**
   Wissen Sie, wann das Werk geschrieben wurde?
3. **Sapete dove e quando è nato l'autore dell'opera?**
   Wissen Sie, wo und wann der Autor des Werkes geboren ist?

Niccolò Machiavelli wurde 1469 in Florenz geboren. Er schrieb 1513 das Werk *Der Fürst*. Mit ihm begann das moderne politische Denken.

51 Glücksspiel

Welches Zeitwort passt am besten zu den folgenden Ausdrücken?

▶ **Lösung**

1. **andare** a piedi   zu Fuß gehen
2. **cercarea** casaccio   aufs Geratewohl suchen
3. **essere** a terra   am Boden sein
4. **parlare** a vanvera   ins Blaue hinein reden
5. **imparare** a memoria   auswendig lernen
6. **piovere** a catinelle   in Strömen regnen

52 Nascondiglio[1] di verbi

Accanto al già marcato *do* nel rettangolo di lettere si sono nascoste altre 14 forme di verbi italiani irregolari, e cioè di dare (6), di salire (5) e di scegliere (3). Cercate le forme sia orizzontalmente che verticalmente! Alcune di loro devono essere lette da destra a sinistra oppure dal basso verso l'alto!

B	R	A	S	A	L	G	O	N	O
V	E	L	A	S	I	S	T	S	N
I	A	D	L	C	I	M	A	S	O
L	O	L	G	E	A	I	D	C	G
A	E	**D**	**O**	L	I	S	E	E	L
S	A	L	I	T	O	A	T	G	E
D	A	N	N	O	T	U	A	L	C
T	T	O	O	M	A	I	D	I	S

Le lettere rimanenti, lette da sinistra a destra e dall'alto in basso, esprimono un complimento per voi.

[1] **nascondiglio** *m*   Versteck

53 Fare la spesa

Dove si deve andare per ...

1. comprare carne?   _____

2. comprare pane?   _____

3. comprare frutta?   _____

52 Verben-Versteck

Neben dem bereits gekennzeichneten **do** ich gebe haben sich in dem Buchstabenrechteck noch 14 weitere Formen von unregelmäßigen italienischen Verben versteckt, und zwar von **dare** geben (6), von **salire** hinaufsteigen (5) und von **scegliere** wählen (3). Suchen Sie die Formen waagerecht und senkrecht! Manche von ihnen muss man von rechts nach links beziehungsweise von unten nach oben lesen!

B	R	A	S	A	L	G	O	N	O
V	E	L	A	S	I	S	T	S	N
I	A	D	L	C	I	M	A	S	O
L	O	L	G	E	A	I	D	C	G
A	E	D	O	L	I	S	E	E	L
S	A	L	I	T	O	A	T	G	E
D	A	N	N	O	T	U	A	L	C
T	T	O	O	M	A	I	D	I	S

Die übriggebliebenen Buchstaben ergeben, von links nach rechts und von oben nach unten gelesen, ein Kompliment für Sie.

▶ **Lösung**

Bravissimo, lei sa tutto!   Ausgezeichnet, Sie wissen alles!

53 Einkaufen

Wohin muss man gehen, um …

1. Fleisch zu kaufen?
2. Brot zu kaufen?
3. Obst zu kaufen?

▶ **Lösung**

1. dal macellaio o in macelleria	zum Metzger oder in die Metzgerei
2. dal panettiere o in panetteria	zum Bäcker oder in die Bäckerei
3. dal fruttivendolo	zum Obsthändler

54 Prendere senza fine

prendere   comprendere

riprendere   sorprendere   apprendere

Nelle seguenti frasi inserite il verbo *prendere* e i suoi composti nella forma giusta!

1. Io _____ un caffè.

2. Lui ha _____ il suo lavoro.

3. Io posso ben _____.

4. Ciò lo _____ molto (futuro).

5. Si _____ sempre per la vita.

55 Incidente stradale

Completate le seguenti frasi di una notizia radiofonica!

Ieri un'automobile ha _____ un pedone.

L'infortunato è stato _____ da alcuni passanti,

ed è stato quindi _____ all'ospedale.

Verrà _____ probabilmente fra due settimane.

54 Nehmen ohne Ende

> nehmen   wieder aufnehmen   verstehen   überraschen   lernen

Setzen Sie das Wort *prendere* und seine Komposita in der richtigen Form in die folgenden Sätze ein!

1. Ich <u>nehme</u> einen Kaffee.
2. Er hat seine Arbeit <u>wieder aufgenommen</u>.
3. Das kann ich gut <u>verstehen</u>.
4. Das wird ihn sehr <u>überraschen</u>.
5. Man <u>lernt</u> immer für das Leben.

▶ **Lösung**

1. **prendo**   ich nehme
2. **ha ripreso**   er hat wieder aufgenommen
3. **comprendere**   verstehen
4. **sorprenderà**   es wird überraschen
5. **si apprende**   man lernt

> Die Vorsilbe **a-** verdoppelt den Anfangskonsonanten:
> **a + prendere = a**pprendere.

55 Verkehrsunfall

Ergänzen Sie die folgenden Sätze einer Rundfunkmeldung!

Gestern hat ein Auto einen Fußgänger <u>überfahren</u>. Dem Verunglückten wurde von einigen Passanten <u>erste Hilfe geleistet</u>. Danach wurde er ins Krankenhaus <u>eingeliefert</u>. Er wird voraussichtlich in zwei Wochen <u>entlassen</u>.

▶ **Lösung**

investito	**investire**	anfahren, überfahren
soccorso	**soccorrere**	erste Hilfe leisten
ricoverato	**ricoverare**	einliefern
dimesso	**dimettere**	entlassen

56 Il verbo andare

andare a trovare   andare a prendere

andare fuori   andare via   andarci

Scegliete la forma idiomatica giusta del verbo *andare* e inseritela correttamente.

1. Dov'è Carlo? _____ in giardino a leggere.

2. Noi _____ i nostri figli all'aeroporto.

3. Io _____ la nonna perché non sta bene.

4. In centro c'è una festa. Noi _____ insieme?

5. Il marito della signora Sciacovelli _____ tra un'ora.

57 Agli ordini

L'imperativo è il modo del comando. E talvolta non è proprio cosí facile formarlo in italiano. Provateci (nella seconda persona singolare)!

1. andarsene   _____

2. farsi la barba   _____

3. non prendersela   _____

4. ricordarsene   _____

5. darsela a gambe   _____

56 Das Verb gehen/fahren

besuchen   hinausgehen   abholen   weggehen   hingehen

Suchen Sie die richtige idiomatische Form des Verbs **andare**
gehen/fahren aus, und bauen Sie sie korrekt ein.

1. Wo ist Carlo? <u>Er ist</u> zum Lesen in den Garten <u>hinaus-
   gegangen</u>.
2. <u>Wir holen</u> unsere Kinder am Flughafen <u>ab</u>.
3. <u>Ich besuche</u> die Großmutter, weil es ihr nicht gut geht.
4. Im Zentrum gibt es ein Fest. <u>Gehen wir</u> zusammen <u>hin</u>?
5. Der Mann von Frau Sciacovelli <u>geht</u> in einer Stunde <u>weg</u>.

▶ **Lösung**

1. **è andato fuori**
2. **andiamo a prendere**
3. **vado a trovare**
4. **ci andiamo**
5. **andrà via**

57 Zu Befehl

Der Imperativ ist die Form des Befehls. Und manchmal ist sie
im Italienischen gar nicht so leicht zu bilden. Versuchen Sie es
einmal (in der 2. Person Singular)!

1. weggehen
2. sich rasieren
3. sich nicht ärgern
4. sich daran erinnern
5. sich aus dem Staub machen

▶ **Lösung**

1. **vattene!**   geh weg!
2. **fatti la barba!**   rasier dich!
3. **non prendertela!** ärgere dich nicht!
4. **ricordatene!**   erinnere dich daran!
5. **dattela a gambe!** mach dich aus dem Staub!

58 Non sempre solo fare ...

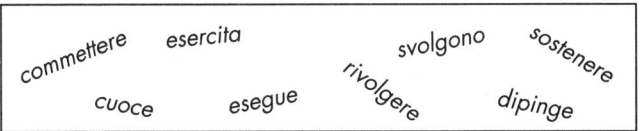

commettere   esercita   svolgono   sostenere
cuoce   esegue   rivolgere   dipinge

Tante cose si possono *fare!* Le azioni si possono però esprimere in maniera piú precisa.
Sostituite il verbo *fare* con il verbo appropriato nel riquadro!

1. Non dobbiamo stimare un uomo per la professione che *(fa)*

_____, ma per il modo in cui *(fa)* _____ il suo lavoro.

2. Si possono fare tante cose: si può *(fare)* _____ una

domanda a qualcuno, si possono *(fare)* _____ gli

esami, il pittore *(fa)* _____ i quadri e il panettiere *(fa)*

_____ il pane; e gli scolari, quando *(fanno)*

_____ un tema, cercano di non *(fare)*

_____ errori grammaticali.

59 Cattive carte

Su alcuni menu italiani si leggono cose, che per un pelo non sono esatte. Gastronomia e ortografia non vanno sempre d'accordo.
Correggete gli errori!

1. cappucino
2. stracchiatella
3. radiccio
4. zuccine

58 Nicht immer nur machen ...

Was kann man nicht alles *machen* oder *tun!* Doch die Handlungen lassen sich auch genauer ausdrücken.
Ersetzen Sie das Verb **fare** durch das treffendere Verb im Kasten!

1. Wir dürfen einen Menschen nicht nach dem Beruf beurteilen, den er <u>ausübt</u>, sondern nach der Art und Weise, in der er seine Arbeit <u>verrichtet</u>.
2. Man kann viele Dinge machen: Man kann jemandem eine Frage <u>stellen</u>, man kann Prüfungen <u>ablegen</u>, der Maler <u>malt</u> die Bilder, und der Bäcker <u>backt</u> das Brot; und wenn die Schüler ein Thema <u>behandeln</u>, versuchen sie, keine Grammatikfehler zu <u>machen</u>.

▶ **Lösung**

1. **esercitare una professione**	einen Beruf ausüben
eseguire un lavoro	eine Arbeit verrichten
2. **rivolgere una domanda a qd.**	jdm. eine Frage stellen
sostenere un esame	eine Prüfung ablegen
dipingere un quadro	ein Bild malen
cuocere il pane	das Brot backen
svolgere un tema	ein Thema behandeln
commettere un errore	einen Fehler begehen

59 Schlechte Karten

Auf manchen italienischen Speisekarten liest man Dinge, die haarscharf am Ziel vorbeigehen. Gastronomie und Orthografie passen nicht immer zusammen.
Korrigieren Sie die Fehler!

▶ **Lösung**

1. **cappuccino**	Kaffee mit Milchschaum
2. **stracciatella**	Eissorte (Vanille mit Schokoladenstücken)
3. **radicchio**	rote Salatsorte
4. **zucchine**	Zucchini (Gemüse)

60 Mettersi e via dicendo

In questo testo manca sei volte la parola *mettere* o composti di essa. Inserite la parola giusta al posto giusto!

Oggi fa un freddo ed è bene che _____ il cappotto; ma

prima di uscire dobbiamo _____ la casa.

Devo _____ però che io non ho troppa voglia di uscire.

Preferirei rimanere a casa e ascoltare la radio; a quest'ora

si _____ infatti musica classica. A proposito di radio:

stamattina hanno comunicato che il direttore generale

_____; sembra che _____ alcuni reati[1].

[1] **reato** *m*   Straftat

61 Suffissi

Completate gli inizi di parola con i seguenti suffissi, cosí che abbiano un senso!

-aia   -essa   -tore   -eria   -oso   -ismo

1. ris_____

2. libr_____

3. ingiuri_____

4. umor_____

5. poet_____

6. doma_____

60 Anziehen und so weiter

In diesem Text fehlt sechsmal das Wort ***mettere*** beziehungsweise Ableitungen davon. Setzen Sie die richtigen Formen an die richtige Stelle!

Heute ist es etwas kühl, wir <u>ziehen</u> am besten einen Mantel <u>an</u>; doch bevor wir ausgehen, müssen wir die Wohnung <u>in Ordnung bringen</u>. Ich muss jedoch <u>zugeben</u>, dass ich nicht viel Lust habe, auszugehen. Ich würde lieber zu Hause bleiben und Radio hören; um diese Zeit <u>sendet</u> man klassische Musik. Apropos Radio: Heute früh wurde gemeldet, daß der Intendant <u>zurückgetreten ist</u>. Er soll einige Straftaten <u>begangen haben</u>.

▶ **Lösung**

ci mettiamo	mettersi qc.	sich etwas anziehen
mettere	mettere in ordine	in Ordnung bringen
ammettere	ammettere	zugeben
trasmette	trasmettere	übertragen, senden
si è dimesso	dimettersi	zurücktreten
abbia commesso	commettere	begehen
	(un reato)	(eine Straftat)

61 Nachsilben

Vollenden Sie die Wortanfänge mit den folgenden Nachsilben, sodass sie einen Sinn ergeben!

-aia   -essa   -tore   -eria   -oso   -ismo

▶ **Lösung**

1. ris<u>aia</u>   Reisfeld
2. libr<u>eria</u>   Bücherei
3. ingiuri<u>oso</u>   beleidigend
4. umor<u>ismo</u>   Humor
5. poet<u>essa</u>   Dichterin
6. doma<u>tore</u>   Dompteur

62 Prezioso congiuntivo

Il congiuntivo è il gioiello della lingua italiana. È il mezzo per distinguere l'indeterminato dal determinato, l'incerto dal sicuro, il soggettivo dall'oggettivo.
Mettete le seguenti frasi al congiuntivo!

1. Lui è soddisfatto del risultato.

Spero che _____.

2. Non avete molta voglia di studiare.

Credo che _____.

3. Non erano d'accordo.

Sembra che _____.

4. Lui mi ha stracapito[1].

Suppongo che _____.

5. Le cose stavano proprio cosí.

Può darsi che _____.

[1] **stracapire**   missverstehen

63 Com'è chi?

Trovate l'aggettivo adatto al sostantivo!

1. cane   **a)** urgente
2. lettera   **b)** celebre
3. scrittore   **c)** veloce
4. macchina   **d)** fedele

62 Wertvoller Konjunktiv

Der Konjunktiv ist das Juwel der italienischen Sprache. Er ist das Mittel, um das Unbestimmte vom Bestimmten, das Unsichere vom Sicheren, das Subjektive vom Objektiven zu unterscheiden. Setzen Sie folgende Sätze in den Konjunktiv!

1. Er ist mit dem Ergebnis zufrieden. Ich hoffe, ___.
2. Ihr habt keine große Lust zu lernen. Ich glaube, ___.
3. Sie waren nicht einverstanden. Es scheint, ___.
4. Er hat mich missverstanden. Ich vermute, ___.
5. Die Dinge lagen wirklich so. Es kann sein, ___.

▶ **Lösung**

1. **Spero che lui sia soddisfatto del risultato.**
   Ich hoffe, er ist mit dem Ergebnis zufrieden.
2. **Credo che non abbiate molta voglia di studiare.**
   Ich glaube, ihr habt keine große Lust zu lernen.
3. **Sembra che non fossero d'accordo.**
   Es scheint, dass sie nicht einverstanden waren.
4. **Suppongo che lui mi abbia stracapito.**
   Ich vermute, dass er mich mißverstanden hat.
5. **Può darsi che le cose stessero proprio cosí.**
   Es kann sein, dass die Dinge wirklich so lagen.

63 Wie ist wer?

Finden Sie das passende Eigenschaftswort zum Hauptwort!

1.	Hund	a)	dringend
2.	Brief	b)	berühmt
3.	Schriftsteller	c)	schnell
4.	Auto	d)	treu

▶ **Lösung**

1. d) 2. a) 3. b) 4. c)

64 Chiusura

intasare   concludere   socchiudere   otturare

murare   tappare   ostruire

Sostituite il verbo *chiudere* con un sinonimo nella forma adeguata!

1. *Chiudere* il vano di una finestra *con muratura.*

_____

2. *Chiudere* la bottiglia.   _____

3. *Chiudiamo* la nostra discussione!   _____

4. Teniamo *mezza chiusa* la finestra!   _____

5. I denti cariati[1] bisogna *chiuderli.*   _____

6. La frana[2] ha *chiuso* la strada.   _____

7. L'acqua non scorre piú, il tubo deve essere *chiuso.*

_____

[1] **cariato, -a** kariös   [2] **frana** f Erdrutsch

65 Insalata di lettere

Queste lettere si sono mischiate. Se le mettete in ordine, otterrete cinque aggettivi.

1. alvio   _____

2. sora   _____

3. ulb   _____

4. opi   _____

5. rapi   _____

64 Schluss

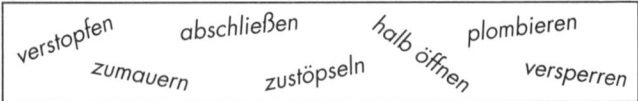

verstopfen   abschließen   halb öffnen   plombieren
zumauern   zustöpseln   versperren

Ersetzen Sie das Verb **chiudere** *schließen* durch ein sinnverwandtes Wort in der richtigen Form!

1. Die Fensteröffnung zumauern.
2. Die Flasche zustöpseln.
3. Schließen wir unsere Diskussion ab!
4. Lassen wir das Fenster halb geöffnet!
5. Die kariösen Zähne muss man plombieren.
6. Der Erdrutsch hat die Straße versperrt.
7. Das Wasser fließt nicht mehr, das Rohr muß verstopft sein.

▶ **Lösung**

1. **murare**   zumauern
2. **tappare**   zustöpseln
3. **concludiamo!**   schließen wir ab!
4. **socchiusa**   halb geöffnet (oder geschlossen)
5. **otturare**   plombieren
6. **ha ostruito**   er hat versperrt
7. **essere intasato**   verstopft sein

65 Buchstabensalat

Diese Buchstaben sind durcheinandergeraten. Wenn Sie sie in Ordnung bringen, werden Sie fünf Adjektive erhalten.

▶ **Lösung**

1. **viola**   violett
2. **rosa**   rosa
3. **blu**   dunkelblau
4. **pio**   fromm
5. **pari**   gleich

66 Esotismi[1]

Nella lingua italiana sono venuti in uso esotismi provenienti da tutte le lingue possibili. Ci sono però tuttora le corrispondenti parole italiane.
Cercatele!

1. l'atelier   _____

2. bitter   _____

3. il camion   _____

4. il chèque   _____

5. il detective   _____

6. il foot-ball   _____

7. il garage   _____

8. il goal   _____

[1] **esotismo** *m*   Fremdwort

67 Falsi amici

Come si chiama correttamente?

1. Durante la pausa di mezzogiorno gli impiegati mangiano in cantina.

2. A Carnevale si gettano confetti.

66 Fremdwörter

Aus allen möglichen Sprachen haben sich Fremdwörter im
Italienischen eingebürgert. Doch es gibt immer noch die
italienischen Ausdrücke dafür.
Suchen Sie sie!

▶ **Lösung**

1. l'atelier	lo studio	der Arbeitsraum
2. bitter	amaro	bitter
3. il camion	l'autocarro	der Lastwagen
4. il chèque	l'assegno	der Scheck
5. il detective	l'investigatore	der Detektiv
6. il foot-ball	il calcio	der Fußball
7. il garage	la rimessa	die Garage
8. il goal	la rete	das Tor *(z.B. im Fußball)*

67 Falsche Freunde

Wie heißt es richtig?

1. Während der Mittagspause essen die Angestellten im Keller.
2. Im Fasching streut man Mandelkonfekt.

▶ **Lösung**

1. **Alla mensa** heißt in der Kantine,
   in cantina jedoch im Keller.
2. **I coriandoli** sind die Konfetti,
   i confetti Mandeln mit Zuckerglasur, die zur Hochzeit, Taufe,
   Erstkommunion oder Firmung gegessen werden.

68 Lingua

| linguaggio | favella | gergo |
| lingua | dialetto | vernacolo |

Inserite le parole giuste!

1. Il muto[1] ha riacquistato _____ .

2. Anche gli animali e le piante hanno un loro _____ .

3. La _____ tedesca è tra le piú difficili.

4. In ogni regione d'Italia si parla un _____ diverso.

5. I delinquenti parlano il proprio _____ .

6. Trilussa scrisse le sue favole in _____ romanesco.

[1] **muto, -a**   stumm

69 Sinonimi

Collegate ogni parola della colonna di sinistra con il rispettivo sinonimo nella colonna di destra!

1. gradino	**a)**	battimano
2. vocabolario	**b)**	comò
3. applauso	**c)**	pantaloni
4. errore	**d)**	qua
5. lí	**e)**	sofà
6. calzoni	**f)**	dottore
7. cassettone	**g)**	fra
8. divano	**h)**	scalino
9. medico	**i)**	sbaglio
10. qui	**l)**	dizionario
11. abito	**m)**	là
12. tra	**n)**	vestito

68 Sprache

Ausdrucksweise   Sprachvermögen   Jargon

Sprache   Dialekt   Mundart

Setzen Sie die richtigen Wörter ein!

1. Der Stumme hat das <u>Sprachvermögen</u> wiedergefunden.
2. Auch die Tiere und die Pflanzen haben ihre <u>Ausdrucksweise</u>.
3. Die deutsche <u>Sprache</u> ist eine der schwierigsten.
4. In jeder Region Italiens spricht man einen anderen <u>Dialekt</u>.
5. Die Gauner sprechen ihren eigenen <u>Jargon</u>.
6. Trilussa schrieb seine Fabeln in römischer <u>Mundart</u>.

▶ **Lösung**

1. favella   4. dialetto
2. linguaggio   5. gergo
3. lingua   6. vernacolo

69 Synonyme

Verbinden Sie jedes Wort aus der linken Spalte mit dem jeweiligen sinnverwandten Wort in der rechten Spalte!

▶ **Lösung**

1. **h**) Stufe   7. **b)** Kommode
2. **l**) Wörterbuch   8. **e)** Sofa
3. **a**) Applaus   9. **f**) Arzt
4. **i**) Fehler   10. **d)** hier
5. **m)** dort   11. **n)** Kleid
6. **c**) Hose   12. **g)** zwischen

70 L'intruso

Trovate quale dei sostantivi sotto elencati non fa parte del
gruppo!

1. l'asciugacapelli
2. il lavastoviglie
3. la lavatrice
4. lo stampante
5. la friggitrice

71 Le cinque dita

Come si chiamano le dita della mano
in italiano?
Mettete il numero al posto giusto!

1. l'anulare
2. l'indice
3. il pollice
4. il mignolo
5. il medio

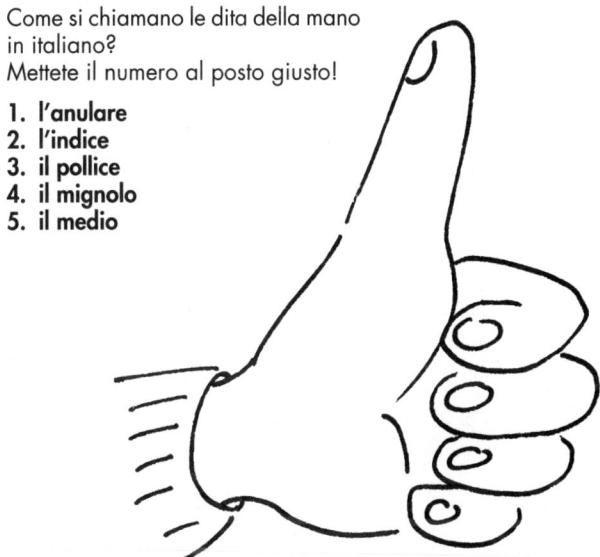

70 Der Eindringling

Finden Sie heraus, welches der folgenden Hauptwörter nicht zu der Gruppe gehört!

1. der Haartrockner
2. die Spülmaschine
3. die Waschmaschine
4. der Drucker
5. die Fritteuse

▶ **Lösung**

> 4. **lo stampante** der Drucker
>   Er ist kein Haushaltsgerät.

71 Die fünf Finger

Wie nennt man die Finger der Hand in Italienisch?
Setzen Sie die Nummern an die richtige Stelle!

▶ **Lösung**

> 1. **l'anulare** der Ringfinger
> 2. **l'indice** der Zeigefinger
> 3. **il pollice** der Daumen
> 4. **il mignolo** der kleine Finger
> 5. **il medio** der Mittelfinger

72 Piccola ma pepata[1]

Le preposizioni sono per lo piú parolette poco appariscenti, ma d'importanza determinante. C'è già una differenza se si compra un bicchiere *da* vino o un bicchiere *di* vino.
Nelle espressioni seguenti inserite le preposizioni *di, a,* oppure *da!*

1. scala ____ pioli[2]
2. macchina ____ scrivere
3. barca ____ vela[3]
4. vestito ____ seta
5. camera ____ letto

[1] **pepato, -a** gepfeffert, bissig
[2] **piolo** *m* Sprosse
[3] **vela** *f* Segel

73 Punto dolente

La parte del corpo sulla quale un medico mette di preferenza il dito si chiama punto dolente. C'è però ancora tutta una serie di altri punti.
Li conoscete?

1. punto di vendita
2. punto controverso
3. punto d'onore
4. punto di vista
5. punto di riferimento
6. punto di ebollizione[1]

[1] **ebollizione** *f* Sieden, Kochen

72 Klein, aber oho!

Präpositionen sind meist unscheinbare Wörtchen – aber von entscheidender Bedeutung. Es macht schon einen Unterschied, ob man ein Weinglas **bicchiere *da* vino** oder ein Glas Wein **bicchiere *di* vino** kauft.
Setzen Sie die richtigen Präpositionen – **di, a** oder **da** – in die folgenden Begriffe ein!

▶ **Lösung**

1. **scala a pioli**   Sprossenleiter
2. **macchina da scrivere**   Schreibmaschine
3. **barca a vela**   Segelboot
4. **vestito di seta**   Seidenkleid
5. **camera da letto**   Schlafzimmer

Bei zusammengesetzten Ausdrücken bezeichnet die Präposition *da* den Zweck (**macchina *da* scrivere** Schreibmaschine), *a* die Funktionsweise (**barca *a* vela** Segelboot) und *di* meist das Material (**vestido *di* seta** Seidenkleid).

---

73 Wunder Punkt

Die Körperstelle, auf die ein Arzt mit Vorliebe seinen Finger legt, nennt man den wunden Punkt. Es gibt aber noch eine ganze Reihe von anderen Punkten.
Kennen Sie sie?

▶ **Lösung**

1. **punto di vendita**   Verkaufsstelle
2. **punto controverso**   strittige Stelle
3. **punto d'onore**   Ehrensache
4. **punto di vista**   Gesichtspunkt
5. **punto di riferimento**   Bezugspunkt
6. **punto di ebollizione**   Siedepunkt

74 Falsi amici

Come si chiama correttamente?

1. Siamo andati al disco.
2. Al circo si esibiscono[1] molti artisti.

[1] **esibirsi** auftreten

75 Vedere e guardare

fissare   osservare   avvertire   distinguere   discernere   scoprire

Scegliete le parole giuste e sostituite con esse, nella forma adatta, *vedere* o *guardare!*

1. Ho *visto* _____ un evento curioso.

2. È cosí buio[1] che non si può *vedere* _____ nulla.

3. Il maestro *vide* _____ un'agitazione[2] nella classe.

4. Perché mi *guardi* _____ cosí?

5. Ho *visto* _____ sul vestito una piccola macchia.

6. Da qui non si può *vedere* _____ chi siano quelle persone.

[1] **buio, -a** dunkel
[2] **agitazione** f Unruhe

74 Falsche Freunde

Wie heißt es richtig?

1. Wir sind in die Schallplatte gegangen.
2. Im Zirkus treten viele Künstler auf.

▶ **Lösung**

1. **Alla discoteca** heißt in die Diskothek, **il disco** ist die Scheibe, die Schallplatte. Im Italienischen gebraucht man keine Abkürzung von **discoteca**.
2. **Gli acrobati** sind die Artisten, **gli artisti** die Künstler.

75 Sehen und schauen

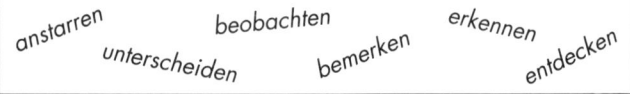

anstarren   beobachten   erkennen   unterscheiden   bemerken   entdecken

Wählen Sie die richtigen Wörter und ersetzen Sie damit *vedere* sehen oder *guardare* schauen in der richtigen Form!

1. Ich habe ein seltsames Ereignis <u>beobachtet</u>.
2. Es ist so dunkel, dass man nichts <u>erkennen</u> kann.
3. Der Lehrer <u>bemerkte</u> eine Unruhe in der Klasse.
4. Warum <u>starrst du</u> mich so an?
5. Ich habe einen kleinen Fleck auf dem Anzug <u>entdeckt</u>.
6. Von hier aus kann man nicht <u>unterscheiden</u>, wer diese Leute sind.

▶ **Lösung**

1. osservato
2. distinguere
3. avvertí
4. fissi
5. scoperto
6. discernere

76 Prefissi

Inserite i seguenti prefissi nelle parole sotto elencate, cosí che ne derivi un altro significato!

in-   anti-   a-   pre-   dis-   epi-

1. _____centro
2. _____gelo
3. _____onesto
4. _____sociale
5. _____fabbricato
6. _____atteso

77 Un po' snob

A volte anche gli Italiani sono un po' snob e allora usano volentieri parole straniere. Mentre potrebbero esprimere la stessa cosa nella propria lingua.
Cercate per le seguenti parole straniere il termine italiano!

1. week-end _____

2. dancing _____

3. chèque _____

4. shock _____

5. staff _____

6. party _____

7. hobby _____

8. chic _____

9. performance _____

10. teen-ager _____

76 Vorsilben

Setzen Sie die folgenden Vorsilben so an die unten aufgeführten Wörter, daß diese einen neuen Sinn ergeben!

in-   anti-   a-   pre-   dis-   epi-

1. **centro**   Zentrum
2. **gelo**   Frost
3. **onesto**   ehrlich
4. **sociale**   sozial
5. **fabbricato** gefertigt
6. **atteso**   erwartet

▶ **Lösung**

1. **epicentro**   Epizentrum
2. **antigelo**   Frostschutz
3. **disonesto**   unehrlich
4. **asociale**   asozial
5. **prefabbricato** vorgefertigt
6. **inatteso**   unerwartet

77 Ein wenig Snob

Manchmal sind auch die Italiener etwas snobistisch, und dann benützen sie gern Fremdwörter. Dabei könnten sie das gleiche auch in ihrer eigenen Sprache ausdrücken.
Suchen Sie für die folgenden Fremdwörter den italienischen Begriff!

1. **week-end**   Wochenende   **fine settimana**
2. **dancing**   Diskothek   **discoteca**
3. **chèque**   Scheck   **assegno**
4. **shock**   Schlag   **colpo**
5. **staff**   Personal   **personale**
6. **party**   Feier   **festa**
7. **hobby**   Steckenpferd   **passatempo**
8. **chic**   schick, elegant **elegante**
9. **performance** Veranstaltung   **rappresentazione, spettacolo**
10. **teen-ager**   Jugendliche/r   **adolescente**

78 Contrari

Formate dai 16 termini otto coppie di contrari!

1. avarizia   **a)** a sinistra
2. nubile   **b)** ubriaco
3. inferiore   **c)** vuoto
4. ricco   **d)** superiore
5. a destra   **e)** giorno
6. notte   **f)** sposata
7. sobrio   **g)** povero
8. pieno   **h)** generosità

79 Piú semplice

Invece dell'espressione *un lavoro eseguito con cura* si può
anche ricorrere a un attributo e dire semplicemente *un lavoro
accurato.*
Semplificate allo stesso modo le seguenti espressioni!

1. una mano piena di calli[1]   _____

2. una notte illuminata dalla luna   _____

3. un potere senza limiti   _____

4. una strada piena di polvere   _____

5. un cielo pieno di nuvoli   _____

[1] **callo** *m* Schwiele

78 Gegensätze

Bilden Sie aus den 16 Begriffen 8 Gegensatzpaare!

1. Geiz	a) links
2. ledig (nur bei Frauen)	b) betrunken
3. unterer	c) leer
4. reich	d) oberer
5. rechts	e) Tag
6. Nacht	f) verheiratet
7. nüchtern	g) arm
8. voll	h) Großzügigkeit

▶ **Lösung**

1. h)   2. f)   3. d)   4. g)   5. a)   6. e)   7. b)   8. c)

! Übrigens: Ledig bei Männern heißt **celibe**.

79 Einfacher

Statt des etwas umständlichen Begriffs *eine mit Sorgfalt verrichtete Arbeit* kann man auch ein Attribut zu Hilfe nehmen und einfach sagen *eine sorgfältige Arbeit*.
Vereinfachen Sie auf gleiche Weise die folgenden Begriffe!

1. eine Hand voller Schwielen
2. eine vom Mond erhellte Nacht
3. eine Macht ohne Grenzen
4. eine Straße voller Staub
5. ein Himmel voller Wolken

▶ **Lösung**

1. **una mano callosa**	eine schwielige Hand
2. **una notte lunare**	eine Mondnacht
3. **un potere illimitato**	eine unbegrenzte Macht
4. **una strada polverosa**	eine staubige Straße
5. **un cielo nuvoloso**	ein wolkenbedeckter Himmel

80 Manie

Trovate la parola straniera esatta per ...

1. la tendenza al furto
   a) cleptomania
   b) raptomania

2. la mania di grandezza[1]
   a) ipermania
   b) megalomania

3. la mania incendiaria
   a) fuocomania
   b) piromania

[1] **mania f di grandezza**   Größenwahn

81 Fobie

Trovate l'esatta parola straniera!

1. La paura del chiuso si chiama
   a) clausofobia
   b) claustrofobia

2. La paura dell'acqua si chiama
   a) idrofobia
   b) hydrafobia

3. La paura degli spazi aperti si chiama
   a) ariafobia
   b) agorafobia

80 Manien

Finden Sie das richtige Fremdwort für …

1. den Hang zum Stehlen
   a) Kleptomanie
   b) Raubsucht

2. den Größenwahn
   a) Hypermanie
   b) Megalomanie

3. den Trieb zur Brandstiftung
   a) Feuersucht
   b) Pyromanie

▶ **Lösung**

   1. a)   2. b)   3. b)

81 Phobien

Suchen Sie das richtige Fremdwort!

1. Die Angst vor geschlossenen Räumen nennt man
   a) Klausophobie
   b) Klaustrophobie

2. Die Angst vor dem Wasser nennt man
   a) Hydrophobie
   b) Hydraphobie

3. Die Angst vor offenen Plätzen nennt man
   a) Luftphobie
   b) Agoraphobie

▶ **Lösung**

   1. b)   2. a)   3. b)

82 Falsi amici

Come si dice correttamente?

1. Hai già comprato le carte del cinema?
2. Maria è malata. Ha le mandorle gonfie[1].

[1] **gonfio, -a**   geschwollen

83 La parentela

cognata	genere	
cugino	suoceri	zia

Se proprio non possiamo sceglierci la parentela, dovremmo almeno chiarirne i rapporti. Indicate il giusto grado di parentela. Uno però è un pochino *degenerato*. Quale?

1. I genitori di mia moglie sono i miei _____.

2. La moglie di mio fratello è mia _____.

3. La sorella di mio padre è mia _____.

4. Il figlio di mio zio è mio _____.

5. Il marito di mia figlia è mio _____.

82 Falsche Freunde

Wie heißt es richtig?

1. Hast du schon die Papiere fürs Kino gekauft?
2. Maria ist krank. Sie hat geschwollene Mandeln.

▶ **Lösung**

1. **La carta** ist das Papier, die Eintrittskarten aber heißen **i biglietti**.
2. Die Mandeln im Hals heißen **le tonsille**, die Mandeln zum Essen aber **le mandorle**.

83 Die Verwandtschaft

Wenn man sich seine Verwandtschaft schon nicht aussuchen kann, dann sollte man wenigstens die Verhältnisse klären. Setzen Sie die richtigen Bezeichnungen für sie ein. Einer ist übrigens etwas aus der Art geschlagen. Welcher?

1. Die Eltern meiner Frau sind meine <u>Schwiegereltern</u>.
2. Die Frau meines Bruders ist meine <u>Schwägerin</u>.
3. Die Schwester meines Vaters ist meine <u>Tante</u>.
4. Der Sohn meines Onkels ist mein <u>Cousin</u>.
5. Der Mann meiner Tochter ist mein <u>Schwiegersohn</u>.

▶ **Lösung**

1. **suoceri** 2. **cognata** 3. **zia** 4. **cugino** 5. **genero**

Aus der Art – **genere** – geschlagen ist wie immer der Schwiegersohn. Er heißt natürlich **gene<u>r</u>o**.

> In Verbindung mit Verwandtschaftsbezeichnungen steht das Possessivpronomen ohne Artikel: **mia zia** meine Tante.
> Eine Ausnahme bildet **loro: la loro figlia**. ihre *(pl)* Tochter.
> Der Plural steht mit Artikel: **i miei figli** meine Söhne.

84 Uomini nascosti

Come sapete i sostantivi che terminano in -a sono femminili.
Ci sono però delle eccezioni. Due delle parole seguenti sono
maschili. Quali?

1. cinema   5. farmacia
2. porta   6. bugia[1]
3. problema   7. casa
4. amica

[1] **bugia** f   Lüge

85 Il tempo, la morte e le lacrime

Gli Italiani sono in particolare relazione con la morte, e non
solo fin dai tempi di Dante. Essi dicono:
„Facendo il male, sperando il bene, il tempo passa e la morte
viene".
E hanno riconosciuto poi che

„Tutti nascono piangendo, e nessuno muore _____ ".

Aggiungete la parola mancante nella forma adatta!

84 Versteckte Männer

Wie Sie wissen, sind die Substantiva, die auf **-a** enden, weiblich. Es gibt aber einige Ausnahmen. Zwei der folgenden Wörter sind männlich. Welche?

1. Kino
2. Tür
3. Problem
4. Freundin
5. Apotheke
6. Lüge
7. Haus

▶ **Lösung**

1. **il cinema**   das Kino
3. **il problema**   das Problem

85 Die Zeit, der Tod und die Tränen

Zum Tod haben die Italiener nicht erst seit Dante eine besondere Beziehung. Sie sagen:
„Für den, der das Böse tut und auf das Gute hofft, verrinnt die Zeit und kommt der Tod."
Des weiteren haben sie erkannt:
„Alle weinen bei der Geburt, und niemand lacht beim Sterben."

Setzen Sie das fehlende Wort in der richtigen Form ein!

▶ **Lösung**

ridendo lachend

In beiden Sprichwörtern wimmelt es übrigens von Gerundia:
facendo machend   **sperando** hoffend   **piangendo** weinend

Die einfache Form des Gerundiums drückt die Gleichzeitigkeit eines Geschehens aus.

86 Città e abitanti

Come si chiamano gli abitanti di ...

1. Siena? _____

2. Trento? _____

3. Verona? _____

4. Venezia? _____

87 Essere o avere

Inserite la giusta forma verbale di *essere* o *avere!*

1. Dopo tali fatiche mi _____ dovuto riposare.

2. Quanto _____ costato il tuo bel vestito?

3. _____ piovuto ininterrottamente[1] per giorni e giorni.

4. Il film che ho visto ieri non mi _____ piaciuto.

5. Mi _____ sembrato di riconoscerlo.

6. Noi _____ camminato per diverse ore.

7. Nella mia giovinezza _____ viaggiato per tutta l'Europa.

8. Mario _____ vissuto due anni a Parigi.

[1] **ininterrottamente** ununterbrochen

86 Städte und Bewohner

Wie heißen die Bewohner von ...

1. Siena?
2. Trient?
3. Verona?
4. Venedig?

▶ **Lösung**

1. **Senesi**   Sieneser
2. **Trentini**   Trientiner
3. **Veronesi**   Veroneser
4. **Veneziani**   Venezianer

87 Sein oder haben

Setzen Sie die richtige Verbform von **essere** *sein* oder **avere** *haben* ein!

1. Nach solchen Anstrengungen <u>habe</u> ich mich ausruhen müssen.
2. Wieviel <u>hat</u> dein schönes Kleid gekostet?
3. Es <u>hat</u> tagelang ununterbrochen geregnet.
4. Der Film, den ich gestern gesehen habe, <u>hat</u> mir nicht gefallen.
5. Ich <u>hatte</u> das Gefühl, ihn wiedererkannt zu haben.
6. Wir <u>sind</u> mehrere Stunden gelaufen.
7. In meiner Jugend <u>bin</u> ich durch ganz Europa gereist.
8. Mario <u>hat</u> zwei Jahre lang in Paris gelebt.

▶ **Lösung**

1. sono	5. è
2. è	6. abbiamo
3. ha	7. ho
4. è	8. è

88 Contrari

Formate dai dodici termini sei coppie di contrari!

1. simpatico   **a)** autorizzare
2. salire   **b)** magro
3. grasso   **c**) freddo
4. vietare   **d)** scendere
5. celere   **e)** antipatico
6. caldo   **f**) lento

89 Egregio gregge

Il vocativo con cui si inizia la lettera „Egregio (Signor)" significa propriamente „fuori del gregge". Egregio è uno che si distingue dalla massa.
Molte pecore formano un gregge. Ma come si chiama un grande numero di ...

1. api?   _____

2. lupi?   _____

3. uccelli? _____

4. cani?   _____

5. bovini?   _____

88 Gegensätze

Bilden Sie aus den 12 Begriffen 6 Gegensatzpaare!

1. sympathisch   **a)** erlauben
2. einsteigen   **b)** mager
3. fett   **c)** kalt
4. verbieten   **d)** aussteigen
5. schnell   **e)** unsympathisch
6. warm   **f)** langsam

▶ **Lösung**

1. e)   2. d)   3. b)   4. a)   5. f)   6. c)

89 Sehr geehrte Herde

Die briefliche Anrede „Sehr geehrter (Herr)" bedeutet eigentlich
„außerhalb der Herde". **Egregio** ist einer, der sich von der
Masse abhebt.
Viele Schafe bilden eine Herde. Wie aber heißt eine große
Anzahl von ...

1. Bienen?
2. Wölfen?
3. Vögeln?
4. Hunden?
5. Rindern?

▶ **Lösung**

1. **una sciame di api**   ein Bienenschwarm
2. **un branco di lupi**   ein Wolfsrudel
3. **uno stormo di uccelli** ein Vogelschwarm
4. **una muta di cani**   eine Hundemeute
5. **una mandria di bovini** eine Rinderherde

90 Non sbagli una nota!

Completate le seguenti frasi con il verbo esatto!
giocare – suonare

1. La nostra famiglia _____ spesso a carte.

2. Maria _____ molto bene la chitarra.

3. Io _____ a pallavolo.

4. D'estate i bambini _____ molte ore all'aperto.

91 Similitudini

lumaca   vapore   pesce   turco

rana

serpente   gambero   verme   camino

Com'è il seguito delle seguenti similitudini? Cercate le parole
di paragone[1] esatte!

1. Lento come _____.

2. Fumare come _____.

3. Sano come _____.

[1] **paragone** *m*   Vergleich

90 Spielen Sie nicht falsch!

Ergänzen Sie die folgenden Sätze mit dem richtigen Verb!
spielen – spielen

1. Unsere Familie <u>spielt</u> oft Karten.
2. Maria <u>spielt</u> sehr gut Gitarre.
3. Ich <u>spiele</u> Volley-Ball.
4. Im Sommer <u>spielen</u> die Kinder viele Stunden im Freien.

▶ Lösung

1. gioca   2. suona   3. gioco   4. giocano

! Die Tätigkeit bei Sport und Spiel wird durch **giocare** mit Dativ ausgedrückt; das Spielen eines Instruments durch **suonare** mit Akkusativ.

91 Gleichnisse

Schnecke   Dampf   Fisch   Türke

Schlange   Krebs   Wurm   Kamin   Frosch

Wie gehen die folgenden Vergleiche weiter? Suchen Sie sich die richtigen Vergleichswörter heraus!

1. Langsam wie <u>eine Schnecke</u>
2. Rauchen wie <u>ein Schlot</u>
3. Gesund wie <u>ein Fisch im Wasser</u>

▶ Lösung

1. **una lumaca**   eine Schnecke
2. **un turco**   ein Türke
3. **un pesce**   ein Fisch

92 No e poi no!

Dove va messo il *non?* Mettete a posto le frasi.

1. Io non Antonia sono.

_____

2. Io ho studiato non.

_____

3. Io posso non leggere.

_____

4. Io vengo con non voi.

_____

5. Io sono alta non.

_____

93 Articoli

Sapete l'articolo di queste parole?

1. _____ lezione
2. _____ stazione
3. _____ fiore
4. _____ sole
5. _____ mare
6. _____ limone
7. _____ fiume
8. _____ colore
9. _____ dente
10. _____ melone

92   Nein und nochmals nein!

Wohin gehört das *non*? Korrigieren Sie die Satzstellung folgender Sätze.

1. Ich bin nicht Antonia.
2. Ich habe nicht gelernt.
3. Ich kann nicht lesen.
4. Ich komme nicht mit euch.
5. Ich bin nicht groß.

▶ **Lösung**

1. **Io non sono Antonia.**
2. **Io non ho studiato.**
3. **Io non posso leggere.**
4. **Io non vengo con voi.**
5. **Io non sono alta.**

Die Negation **non** steht immer vor dem konjugierten Verb.

93   Artikel

Kennen Sie die Artikel dieser Wörter?

1. die Lektion
2. der Bahnhof
3. die Blume
4. die Sonne
5. das Meer
6. die Zitrone
7. der Fluss
8. die Farbe
9. der Zahn
10. die Melone

▶ **Lösung**

1. la lezione
2. la stazione
3. il fiore
4. il sole
5. il mare
6. il limone
7. il fiume
8. il colore
9. il dente
10. il melone

94 Il corpo irregolare

Molte parti del corpo hanno un plurale irregolare: trovatelo!

1. la mano   a) _____
2. il ginocchio   b) _____
3. il labbro   c) _____
4. il braccio   d) _____
5. l'orecchio   e) _____

95 Arcobaleno

In italiano alcuni sentimenti o sensazioni sono abbinabili a dei colori. Provate un po' voi a trovare le coppie:

1. giallo ...
2. verde ...
3. rosso/viola ...
4. blu ...
5. bianco ...
6. nero ...

a) di cattivo umore
b) per lo spavento
c) dalla gelosia
d) dal freddo
e) dall'invidia
f) dall'imbarazzo o per la rabbia

94 Der unregelmäßige Körper

Viele Körperteile haben einen unregelmäßigen Plural.
Finden Sie ihn!

1. die Hand
2. das Knie
3. die Lippe
4. der Arm
5. das Ohr

▶ **Lösung**

Singular	Plural
1. la mano	le mani
2. il ginocchio	le ginocchia
3. il labbro	le labbra
4. il braccio	le braccia
5. l'orecchio	le orecchie

95 Regenbogen

Im Italienischen kann man einige Gefühle und Empfindungen mit Farben verbinden. Versuchen Sie, die Paare zu finden:

1. gelb ...   a) vor schlechter Stimmung
2. grün ...   b) vor Angst
3. rot/lila ...   c) vor Eifersucht
4. blau ...   d) vor Kälte
5. weiß ...   e) vor Neid
6. schwarz ...   f) vor Verlegenheit oder Zorn

▶ **Lösung**

1. c) 2. e) 3. f) 4. d) 5. b) 6. a)

96

Temperature

Mettete in scala i seguenti aggettivi considerando la loro intensità. Quale temperatura può avere l'acqua?

tiepida	fredda	bollente	freddissima
caldissima	gelata	calda	freddina

E sapete come si chiamano i mari italiani?

97 **Alla ricerca della giusta preposizione!**

Completate le frasi con la preposizione corretta.

1. Non parlare sempre _____ lavoro!

2. Questa casa appartiene _____ mio fratello.

3. Ho pensato tutto il giorno _____ te.

4. Carlo ha deciso _____ comprare una nuova auto.

5. Ti prometto che ti aiuto _____ mettere in ordine la casa.

6. Hai scritto _____ tua nonna?

96 Temperaturen

Ordnen Sie folgende Adjektive nach der Intensität.
Welche Temperatur kann das Wasser haben?

> lauwarm   kalt   kochend heiß   ein bisschen kalt
>
> sehr warm   eiskalt   warm   sehr kalt

Und wissen Sie, wie die italienischen Meere heißen?

▶ **Lösung**

gelata	**freddissima**	**fredda**	**freddina**
tiepida	**calda**	**caldissima**	**bollente**

Mar Adriatico, Mar Ionico, Mar Tirreno e Mar Ligure

97 Auf der Suche nach der richtigen Präposition!

Ergänzen Sie die Sätze mit den richtigen Präpositionen.

1. Rede nicht immer von der Arbeit!
2. Dieses Haus gehört meinem Bruder.
3. Ich habe den ganzen Tag an dich gedacht.
4. Carlo hat beschlossen, ein neues Auto zu kaufen.
5. Ich verspreche dir, dass ich dir helfe, die Wohnung aufzuräumen.
6. Hast du deiner Oma geschrieben?

▶ **Lösung**

1. **di: parlare di**	sprechen über, von
2. **a: appartenere a**	jdm. gehören
3. **a: pensare a**	denken an
4. **di: decidere di**	beschließen zu
5. **a: aiutare a**	jdm. helfen
6. **a: scrivere a**	jdm. schreiben

98 Pronto, chi parla?

Completate la conversazione con le parole nel riquadro sottostante.

come, scusi?   posso   mi dispiace
       pronto   un momento   buongiorno

1.

– _____? Sono Silvio. _____ parlare

con Simona?

– Sì, _____ , arriva subito.

2.

– Pronto, _____. Sono il signor Ferri. Vorrei parlare

con il signor Stozzi.

– _____?

– Il signor Stozzi.

– _____. Ha sbagliato numero.

99 Ad ognuno la sua voce!

Trovate per ogni animale la sua „voce".

1. cane   **a)** belare
2. leone   **b)** muggire
3. pecora   **c)** nitrire
4. mucca   **d)** abbaiare
5. cavallo   **e)** ruggire

98   Hallo? Wer spricht da?

Vervollständigen Sie den Dialog mit den Wörtern aus der Wörterbox.

> wie bitte?   kann ich   es tut mir Leid
>   hallo   Augenblick   Guten Tag

1.
– <u>Hallo</u>? Hier ist Silvio. <u>Kann ich</u> mit Simona sprechen?
– Ja, <u>Augenblick</u>, sie kommt gleich.
2.
– Hallo? <u>Guten Tag</u>. Ich bin Herr Ferri. Ich möchte mit Herrn Stozzi sprechen.
– <u>Wie bitte</u>?
– Mit Herrn Stozzi.
– <u>Es tut mir Leid</u>. Sie haben sich verwählt.

▶ **Lösung**

1.	**Pronto**	**Posso**	**un momento**
2.	**buongiorno**	**Come scusi**	**Mi dispiace**

99   Jedem seine Stimme!

Finden Sie für jedes Tier seine „Stimme".

1. Hund   **a)** blöken
2. Löwe   **b)** muhen
3. Schaf   **c)** wiehern
4. Kuh   **d)** bellen
5. Pferd   **e)** brüllen

▶ **Lösung**

1. d)   2. e)   3. a)   4. b)   5. c)

100 Ti è piaciuta la festa?

Inserite il verbo *piacere* al passato prossimo.

1. Il libro mi _____ molto.

2. Le vacanze mi _____ tantissimo.

3. I ravioli di Luisa mi _____ veramente molto.

4. La tua torta mi _____ tanto.

101 Falsi amici

Quale parola italiana corrisponde al termine tedesco? a) o b)?

1. Magazin   a) magazzino   b) rivista

2. Regal   a) ripiano   b) regalo

3. kassieren   a) incassare   b) scassare

4. kalt   a) freddo   b) caldo

5. Konfetti   a) coriandoli   b) confetti

6. Kamera   a) cinepresa   b) camera

7. Fest   a) festa   b) festone

100 Hat dir die Party gut gefallen?

Fügen Sie das Verb *piacere*, *gefallen*, im **passato prossimo** (Perfekt) ein.

1. Das Buch <u>hat mir</u> gut <u>gefallen</u>.
2. Der Urlaub <u>hat mir</u> sehr gut <u>gefallen</u>.
3. Die Ravioli von Luisa <u>haben mir</u> wirklich sehr gut <u>geschmeckt</u>.
4. Dein Kuchen <u>hat mir</u> sehr gut <u>geschmeckt</u>.

▶ **Lösung**

1. **è piaciuto**
2. **sono piaciute**
3. **sono piaciuti**
4. **è piaciuta**

Piacere, *gefallen*, bildet die Vergangenheit mit dem Hilfsverb **essere**, *sein*. Deswegen müssen Sie darauf achten, dass Sie das Partizip in Zahl und Geschlecht an das Substantiv anpassen, auf das es sich bezieht.

---

101 Falsche Freunde

Welches italienische Wort entspricht dem deutschen Begriff? a) oder b)?

1. Magazin   **a)** Lager   **b)** Magazin
2. Regal   **a)** Regal   **b)** Geschenk
3. kassieren   **a)** kassieren   **b)** kaputtmachen
4. kalt   **a)** kalt   **b)** warm
5. Konfetti   **a)** Konfetti   **b)** Dragees
6. Kamera   **a)** Videokamera   **b)** Zimmer
7. Fest   **a)** Fest   **b)** Girlande

▶ **Lösung**

1. a) 2. a) 3. a) 4. a) 5. a) 6. a) 7. a)

102 Di che colore è ...?

1. un taxi? _____
2. un'arancia? _____
3. il cielo? _____
4. l'erba? _____
5. la cioccolata? _____
6. il caffè? _____
7. il riso? _____
8. il mare? _____
9. un pomodoro? _____

103 Sveglia!

Completate le frasi!

1. I miei bambini _si_ sono vestiti in fretta.
2. Mio marito _____ è fatto la barba.
3. Io _____ sono fatta la doccia prima di tutti.
4. Tutti noi _____ siamo guardati allo specchio prima
   di uscire.
5. Tu _____ sei preparato il caffè senza dirlo a nessuno.
6. Voi _siete_ pettinati in strada.

102 Welche Farbe hat ...?

1. ein Taxi? <u>gelb</u>
2. eine Apfelsine? <u>orange</u>
3. der Himmel? <u>hellblau</u>
4. das Gras? <u>grün</u>
5. Schokolade? <u>braun</u>
6. Kaffee? <u>schwarz</u>
7. Reis? <u>weiß</u>
8. das Meer? <u>blau</u>
9. eine Tomate? <u>rot</u>

▶ **Lösung**

1. **giallo**	6. **nero**
2. **arancione**	7. **bianco**
3. **azzurro**	8. **blu**
4. **verde**	9. **rosso**
5. **marrone**	

! In Italien sind Taxis gelb!

103 Wach auf!

Ergänzen Sie die Sätze!

1. Meine Kinder haben <u>sich</u> schnell angezogen.
2. Mein Mann hat <u>sich</u> rasiert.
3. Ich habe <u>mich</u> als Erste geduscht.
4. Wir haben <u>uns</u> im Spiegel angeschaut, bevor wir ausgegangen sind.
5. Du hast <u>dir</u> Kaffee gekocht, ohne es jemandem zu sagen.
6. Ihr habt <u>euch</u> auf der Straße gekämmt.

▶ **Lösung**

1. **si**	3. **mi**	5. **ti**
2. **si**	4. **ci**	6. **vi**

104 *Il capitale o la capitale?*

Ci sono delle parole che si somigliano molto, ma hanno signi-
ficati differenti. Provate a inserire nelle frasi le coppie di parole
date, se necessario con gli articoli.

1. posta/posto

A casa nostra non c'è_____ per un pianoforte.

Devo andare alla _____ a comprare dei francobolli.

2. capitale f/capitale m

Per comprare una casa ci vuole _____.

Roma è _____ d'Italia.

3. casa/caso

Questa è_____ dove abito adesso!

Ho incontrato Filippo per _____.

105 Insalata di contrari

Aiutandovi con i prefissi trovate il contrario delle seguenti parole:

a-   in-   in-   in-   in-   s-

1. fedele   a) _____

2. fortunato   b) _____

3. compatibile c) _____

4. normale   d) _____

5. certo   e) _____

6. dipendente   f) _____

104 *Il capitale* oder *la capitale?*

Es gibt Wörter, die sich sehr ähneln, aber ganz verschiedene Bedeutungen haben. Versuchen Sie, die angegebenen Wörterpaare in die Sätze einzufügen, wenn nötig mit den Artikeln.

1. **posta/posto**
   Zu Hause haben wir keinen <u>Platz</u> für ein Klavier.
   Ich muss zur <u>Post</u> gehen, um Briefmarken zu kaufen.

2. **capitale f/capitale m**
   Um eine Wohnung zu kaufen, braucht man <u>Kapital</u>.
   Rom ist die <u>Hauptstadt</u> von Italien.

3. **casa/caso**
   Das ist das <u>Haus</u>, in dem ich jetzt wohne.
   Ich habe Philipp <u>zufällig</u> getroffen.

▶ **Lösung**

1. a) posto	2. a) capitale	3. a) la casa
b) posta	b) la capitale	b) caso

105 Ein Salat aus Gegensätzen

Finden Sie das Gegenteil folgender Wörter mit Hilfe der genannten Vorsilben:

1. treu	4. normal
2. glücklich	5. gewiss
3. vereinbar	6. abhängig

▶ **Lösung**

a) **infedele**	untreu	d) **anormale**	anomal
b) **sfortunato**	unglücklich	e) **incerto**	unsicher
c) **incompatibile**	unvereinbar	f) **indipendente**	unabhängig

106 Leggi spesso un libro?

Qui sotto trovate gli avverbi di tempo tutti in disordine.
Metteteli in scala, cominciando con *mai*.

ogni tanto/
qualche volta   raramente   molto spesso   quasi mai
               sempre   con regolarità   mai
                                                        spesso

1. _____
2. _____
3. _____
4. _____
5. _____
6. _____
7. _____
8. _____

107 *Buono o bene?*

Inserite *buono* o *bene* nelle frasi e, se necessario, declinateli.

1. E' uno studente _____ .
2. E' una persona molto _____ .
3. Hai fatto _____ ad accettare quel lavoro.
4. Oggi mi sento _____ .

106 Liest du oft ein Buch?

Hier finden Sie Adverbien der Zeit, alle durcheinander.
Ordnen Sie sie der Häufigkeit nach und fangen Sie mit *mai* an.

manchmal/ ab und zu	selten	sehr oft	fast nie
	immer	regelmäßig	nie	oft

▶ **Lösung**

1. mai
2. quasi mai
3. raramente
4. ogni tanto/qualche volta

5. con regolarità
6. spesso
7. molto spesso
8. sempre

107 *Buono* oder *bene?*

Fügen Sie **buono** oder **bene** in die Sätze ein und deklinieren Sie
sie, wenn nötig.

1. Er ist ein <u>guter</u> Student.
2. Sie ist eine sehr <u>gute</u> Person.
3. Du hast <u>gut</u> daran getan, diese Arbeit anzunehmen.
4. Heute fühle ich mich <u>gut</u>.

▶ **Lösung**

1. buono
2. buona
3. bene
4. bene

Bene ist ein Adverb, es bezieht sich immer auf das Verb und
ist unveränderlich. **Buono** ist ein Adjektiv, bezieht sich auf
Personen oder Dinge und muss dekliniert werden.

108 Ne vuoi un po'?

Rispondete alle frasi usando la parola *ne*.

1. Vuoi ancora un po' di torta?
No, grazie, *non ne voglio* più.

2. Hai portato abbastanza vino?

Penso di sì, _____ dieci bottiglie.

3. Ti piace il gorgonzola?

(assaggiare) _____ un po' e non mi è
piaciuto.

4. Hai scelto dei pantaloni nuovi?

(guardare) _____ alcuni ma non ho ancora
deciso.

109 Dottore e dottoressa

Trovate il femminile di queste professioni.

1. Dottore   _____

2. Ingegnere   _____

3. Architetto   _____

4. Scrittore   _____

5. Cantante   _____

6. Infermiere   _____

7. Maestro   _____

8. Cuoco   _____

9. Cameriere   _____

10. Attore   _____

108 Willst du ein bisschen davon?

Beantworten Sie diese Sätze, und benutzen Sie dabei *ne*.

1. Willst du noch ein bisschen Kuchen?
   Nein, danke, <u>ich will nichts mehr</u> davon.
2. Hast du genug Wein mitgebracht?
   Ich glaube schon, <u>ich habe</u> 10 Flaschen <u>mitgebracht</u>.
3. Schmeckt dir Gorgonzola?
   <u>Davon habe ich probiert</u>, und es hat mir nicht geschmeckt.
4. Hast du eine neue Hose gefunden?
   <u>Ich habe</u> einige <u>angeschaut</u>, aber ich habe mich für keine entschieden.

▶ **Lösung**

1. **No grazie, non ne voglio più.**
2. **Penso di sì, <u>ne ho portate</u> 10 bottiglie.**
3. **<u>Ne ho assaggiato</u> un po' e non mi è piaciuto.**
4. **<u>Ne ho guardati</u> alcuni ma non ho ancora deciso.**

109 Arzt und Ärztin

Suchen Sie die weibliche Form dieser Berufe.

1. Arzt
2. Ingenieur
3. Architekt
4. Schriftsteller
5. Sänger
6. Krankenpfleger
7. Lehrer
8. Koch
9. Kellner
10. Schauspieler

▶ **Lösung**

1. **dottoressa**
2. **ingegnere**
3. **architetto**
4. **scrittrice**
5. **cantante**
6. **infermiera**
7. **maestra**
8. **cuoca**
9. **cameriera**
10. **attrice**

110 Genti e Paesi

Come si chiamano gli abitanti ...?

1. della Spagna   _____

2. della Polonia   _____

3. della Russia   _____

4. della Cina   _____

5. dell' Olanda   _____

6. della Francia   _____

7. del Giappone   _____

8. dell' Irlanda   _____

111 Pronomi

Gli o *li?* Completate le frasi con uno di questi pronomi.

1. Hai telefonato ai tuoi genitori?

Sì, _____ ho telefonato oggi.

2. Hai parlato a Paolo?

No, non _____ ho parlato.

3. Hai preso i biglietti per il teatro?

No, esco ora e _____ compro.

4. Hai scritto a Michele?

No, non _____ ho ancora scritto.

5. Non puoi mangiare dolci?

No, non _____ posso mangiare, perchè sono a dieta.

110   Leute und Länder

Wie heißen die Einwohner …?

1. von Spanien
2. von Polen
3. von Russland
4. von China

5. von Holland
6. von Frankreich
7. von Japan
8. von Irland

▶ **Lösung**

1. **spagnoli**	Spanier	5. **olandesi**	Holländer
2. **polacchi**	Polen	6. **francesi**	Franzosen
3. **russi**	Russen	7. **giapponesi**	Japaner
4. **cinesi**	Chinesen	8. **irlandesi**	Iren

111   Pronomen

Gli oder *li*? Ergänzen Sie die Sätze durch eines dieser Pronomen.

1. Hast du heute deine Eltern angerufen?
   Ja, ich habe <u>sie</u> heute angerufen.

2. Hast du Paolo gesprochen ?
   Nein, ich habe <u>ihn</u> nicht gesprochen.

3. Hast du die Karten für das Theater gekauft?
   Nein, ich gehe jetzt und kaufe <u>sie</u>.

4. Hast du Michele geschrieben?
   Nein, ich habe <u>ihm</u> noch nicht geschrieben.

5. Darfst du keine Süßigkeiten essen?
   Nein, ich darf <u>keine</u> essen, weil ich gerade eine Diät mache.

▶ **Lösung**

1. gli   2. gli   3. li   4. gli   5. li

112 Ancora pronomi

Le o *la?* Completate le frasi con uno di questi pronomi.

1. Fai la pasta alla carbonara con la panna?

   _____ faccio senza.

2. Hai comprato la macchina?

   No, _____ compro il mese prossimo.

3. Hai offerto da bere a Marina?

   No, _____ ho offerto dei biscotti.

4. Hai restituito a Caterina le sue cose?

   Sì, _____ ho restituito tutto.

5. Hai visto Anna e Marta?

   Non ancora. _____ vedo stasera.

113 Presentarsi

Sapete trovare le domande a queste risposte? A proposito, le persone che parlano si danno del lei.

1. _____? Di Milano.
2. _____? A Monaco.
3. _____? 27.
4. _____? Insegnante.
5. _____? Sì, sono italiana.

112   Und noch mal Pronomen

Le oder *la*? Ergänzen Sie die Sätze mit einem dieser Pronomen.

1. Kochst du die *Pasta alla carbonara* mit Sahne?
Ich koche <u>sie</u> ohne.

2. Hast du den Wagen gekauft?
Nein, ich kaufe <u>ihn</u> nächsten Monat.

3. Hast du Marina etwas zum Trinken angeboten?
Nein. Ich habe <u>ihr</u> Plätzchen angeboten.

4. Hast du Caterina ihre Sachen zurückgegeben?
Ja, ich habe <u>ihr</u> alles zurückgegeben.

5. Hast du Anna und Marta gesehen?
Noch nicht. Ich sehe <u>sie</u> heute Abend.

▶ **Lösung**

   1. la   2. la   3. le   4. le   5. le

113   Sich vorstellen

Können Sie die Fragen zu diesen Antworten finden?
Übrigens: Die Gesprächspartner siezen sich!

1. <u>Wo kommen Sie her</u>? Aus Mailand.
2. <u>Wo wohnen Sie</u>? In München.
3. <u>Wie alt sind Sie</u>? 27.
4. <u>Was sind Sie von Beruf</u>? Lehrerin.
5. <u>Sind Sie Italienerin</u>? Ja, ich bin Italienerin.

▶ **Lösung**

   1. Di dov'è?
   2. Dove abita?
   3. Quanti anni ha?
   4. Che lavoro fa?
   5. E' italiana?

114 Non vado mai al cinema

Dite il contrario usando le parole tra parentesi.
Per esempio: Vado spesso al cinema. (mai) → Non vado mai al cinema.

1. Vado spesso al teatro.

   (mai) _____

2. Bevo ogni tanto il caffè.

   (quasi mai) _____

3. Lavo sempre la macchina.

   (mai) _____

4. Da qui vedo tutto.

   (niente) _____

5. Alla mia festa sono venuti tutti.

   (nessuno) _____

115 A E I O U

Siete capaci di inserire le vocali finali e gli articoli che mancano?

1. il profum___ frances___
2. ___ problema difficil___
3. le donn___ intelligent___
4. la tu___ amica divertent___
5. ___ italiani caloros___

114 Ich gehe nie ins Kino

Sagen Sie das Gegenteil, indem Sie die Wörter in Klammern verwenden! Zum Beispiel: Ich gehe oft ins Kino. (nie) → Ich gehe nie ins Kino.

1. Ich gehe oft ins Theater.
2. Ab und zu trinke ich Kaffee.
3. Ich wasche immer den Wagen.
4. Von hier aus kann ich alles sehen.
5. Zu meiner Party sind alle gekommen.

► **Lösung**

1. **Non vado mai al teatro.**	Ich gehe nie ins Theater.
2. **Non bevo quasi mai caffè.**	Ich trinke fast nie Kaffee.
3. **Non lavo mai la macchina.**	Ich wasche nie den Wagen.
4. **Da qui non vedo niente.**	Von hier aus kann ich nichts sehen.
5. **Alla mia festa non è venuto nessuno.**	Zu meiner Party ist niemand gekommen.

115 A E I O U

Können Sie die Endvokale und Artikel, die fehlen, einfügen?

1. das französische Parfüm
2. das schwierige Problem
3. die intelligenten Frauen
4. deine lustige Freundin
5. die herzlichen Italiener

► **Lösung**

1. il profum**o** francese
2. i**l** problema difficil**e**
3. le donn**e** intelligent**i**
4. la tu**a** amica divertent**e**
5. gl**i** italiani carosi

116 Uffa!

La mamma di Emanuele e Giorgio è molto preoccupata: deve lasciare da soli i suoi figli e, prima di uscire, fa loro delle raccomandazioni.

1. a Emanuele: „Non (guardare) _____ la televisione tutto il pomeriggio!"

2. a Emanuele e Giorgio: „(fare) _____ i compiti!"

3. a Giorgio: „(andare) _____ alla lezione di inglese!"

4. a Emanuele e Giorgio: „Non (aprire) _____ la porta a nessuno!"

5. a Emanuele: „Non (mangiare) _____ tutta la nutella!"

6. a Giorgio: „(stare) _____ attento che Emanuele non faccia sciocchezze!"

117 Diciamolo diversamente!

Completate le frasi!

1. Un cielo pieno di stelle è un cielo _____.

2. Una pasta con troppo sale è una pasta _____.

3. Una bibita con molto gas è una bibita _____.

4. Un viale con molti alberi è un viale _____.

116   Ja, ja …

Die Mutter von Emanuele und Giorgio macht sich große Sorgen:
Sie muss ihre Söhne allein lassen, und bevor sie weggeht, gibt
sie den beiden noch einige Anweisungen.

1. zu Emanuele: „<u>Schau</u> nicht den ganzen Nachmittag fern!"
2. zu Emanuele und Giorgio: „<u>Macht</u> die Hausaufgaben!"
3. zu Giorgio: „<u>Geh</u> zum Englischunterricht!"
4. zu Emanuele und Giorgio: „<u>Macht</u> niemandem die Tür <u>auf</u>!"
5. zu Emanuele: „<u>Iss</u> nicht das ganze Nutella <u>auf</u>!"
6. zu Giorgio: „<u>Pass auf</u>, dass Emanuele keine Dummheiten
macht!"

▶ **Lösung**

1. guardare
2. fate
3. va'
4. aprite
5. mangiare
6. stai attento

117   Sagen wir's anders!

Ergänzen Sie die Sätze!

1. Ein Himmel voller Sterne ist ein <u>gestirnter</u> Himmel.
2. Eine Pasta mit zu viel Salz ist eine <u>salzige</u> Pasta.
3. Ein Getränk mit viel Kohlensäure ist ein <u>kohlensäurehaltiges</u>
Getränk.
4. Eine Allee mit vielen Bäumen ist eine <u>baumreiche</u> Allee.

▶ **Lösung**

1. stellato
2. salata
3. gassata
4. alberato

118 E poi, e poi, e poi ...

Inserite nel testo le parole appropriate del riquadro qui sotto.

insomma   dopo di che   e
                                    siccome
        quindi   innanzitutto
                                              inoltre

Ieri ho accompagnato mio figlio a scuola, perchè dovevo

parlare con il suo professore. **1.** _____ l'ho lavato

bene; **2.** _____ abbiamo fatto colazione e

3. _____ siamo saliti in macchina. **4.** _____

faceva molto freddo, la macchina non si è accesa subito

5. _____ io avevo paura di fare tardi.

6. _____ lungo il cammino c'era molto traffico:

7. _____ siamo arrivati a scuola con un'ora di ritardo

e il professore non c'era, perchè era ammalato!

119 Materiali

Di che cosa è fatto ...?

1. un maglione	**a)**	carta
2. uno specchio	**b)**	legno
3. un tavolo	**c)**	acciaio
4. una fede nuziale	**d)**	vetro
5. un foglio da lettere	**e)**	lana
6. un cucchiaio	**f)**	oro

118 Und dann, und dann, und dann ...

Setzen Sie in den Text die passenden Wörter aus dem Kasten ein.

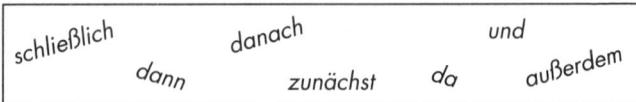

schließlich   danach   und
dann   zunächst   da   außerdem

Gestern Vormittag habe ich meinen Sohn zur Schule gefahren, weil ich mit seinem Lehrer sprechen sollte. Zunächst habe ich ihn gewaschen; danach haben wir gefrühstückt, und dann sind wir in den Wagen gestiegen. Da es sehr kalt war, ist der Wagen nicht gleich angesprungen, und ich fürchtete, dass wir zu spät zur Schule kommen würden. Außerdem gab es auf dem Weg einen Stau: Schließlich sind wir mit einer halben Stunde Verspätung angekommen, und der Lehrer war nicht da, weil er krank war!

▶ **Lösung**

1. innanzitutto   5. e
2. dopo di ciò   6. inoltre
3. quindi   7. insomma
4. siccome

119 Materialien

Woraus besteht ...?

1. ein Pullover   a) Papier
2. ein Spiegel   b) Holz
3. ein Tisch   c) Stahl
4. ein Ehering   d) Glas
5. ein Briefbogen   e) Wolle
6. ein Löffel   f) Gold

▶ **Lösung**

1. e) 2. d) 3. b) 4. f) 5. a) 6. c)

120 Coppie di parole

Che cos'è?

1. Venere e Saturno sono _____.

2. Lo zaffiro e il rubino sono _____.

3. Acquario e Bilancia sono _____.

4. L'Induismo e il Buddismo sono _____.

5. Il calcio e il tennis sono _____.

6. Milanese e fiorentino sono _____.

7. Il passero e l'aquila sono _____.

8. La collana e l'anello sono _____.

121 Barca a pressione e sedia da stiro

Ci sono oggetti che hanno in italiano un nome composto,
per esempio *macchina da scrivere*. Unite i nomi della prima
colonna con quelli della seconda e poi completate le frasi.

1. barca ...   **a)** da sera
2. ferro ...   **b)** a pressione
3. abito ...   **c)** a sdraio
4. sedia ...   **d)** a vela
5. pentola ...   **e)** da stiro

1. Se voglio fare un giro in barca senza motore, ho bisogno di
una _____.

2. Per stirare le camicie, ho bisogno di un

_____.

3. Per una serata importante, devo indossare un

_____.

4. Per cucinare velocemente, uso una _____.

5. Per abbronzarmi, mi siedo su una _____.

120 Wortpaare

Was ist das?

1. Saturn und Venus sind <u>Planeten</u>.
2. Saphir und Rubin sind <u>Edelsteine</u>.
3. Wassermann und Waage sind <u>Sternzeichen</u>.
4. Hinduismus und Buddhismus sind <u>Religionen</u>.
5. Fußball und Tennis sind <u>Sportarten</u>.
6. Mailändisch und Florentinisch sind <u>Dialekte</u>.
7. Spatz und Adler sind <u>Vögel</u>.
8. Kette und Ring sind <u>Schmuck</u>.

► **Lösung**

1. **pianeti**
2. **pietre preziose**
3. **segni zodiacali**
4. **religioni**
5. **sport**
6. **dialetti**
7. **uccelli**
8. **gioielli**

121 Dampfboot und Bügelstuhl

Es gibt Gegenstände, die im Italienischen eine zusammengesetzte Bezeichnung haben, z. B. *macchina da scrivere* Schreibmaschine. Verbinden Sie die Wörter der ersten Spalte mit denen der zweiten, und ergänzen Sie dann die Sätze.

1. Wenn ich eine Bootstour ohne Motor unternehmen möchte, brauche ich ein <u>Segelschiff</u>.
2. Zum Bügeln meiner Hemden brauche ich ein <u>Bügeleisen</u>.
3. Für einen wichtigen Abend sollte ich ein <u>Abendkleid</u> tragen.
4. Um schnell zu kochen, verwende ich einen <u>Schnellkochtopf</u>.
5. Um mich zu sonnen, lege ich mich in einen <u>Liegestuhl</u>.

► **Lösung**

1. **barca a vela**
2. **ferro da stiro**
3. **abito da sera**
4. **pentola a pressione**
5. **sedia a sdraio**

122 Domande

Inserite i seguenti pronomi interrogativi nelle frasi: *quanti, come, chi, perchè, dove, quando, quanto.*

1. _____ hai comprato questa bella giacca, forse
   ai grandi magazzini?
2. _____ anni hai?
3. _____ viene con me a mangiare una pizza,
   tu ne hai voglia?
4. _____ non bevi il tuo tè?
5. _____ possiamo vederci?
6. _____ stai?
7. _____ costano queste scarpe?

123 Un viaggio

Inserite le vocali mancanti.

L'estate scorsa, Paola e Antonella sono andat___ in Toscana.
Sono partit___ d___ Monaco con la macchin___ e hanno
guidat___ fino a Lucca senza mai fermars___. A Lucca sono
andat___ all'albergo e hanno pres___ una camera doppi___ con
bagn___. Hanno trascors___ due giorn___ stupendi in quell___
città e poi sono ripartit___ per Arezzo.

122 Fragen

Fügen Sie folgende Fragepronomen in die Sätze ein: *wie viele, wie, wer, warum, wo, wann, wie viel.*

1. <u>Wo</u> hast du dieses schöne Sakko gekauft, vielleicht im Kaufhaus?
2. <u>Wie</u> alt bist du?
3. <u>Wer</u> geht mit mir eine Pizza essen, hast du Lust?
4. <u>Warum</u> trinkst du deinen Tee nicht?
5. <u>Wann</u> können wir uns treffen?
6. <u>Wie</u> geht es dir?
7. <u>Wie viel</u> kosten diese Schuhe?

▶ **Lösung**

1. **Dove**
2. **Quanti**
3. **Chi**
4. **Perchè**

5. **Quando**
6. **Come**
7. **Quanto**

123 Eine Reise

Ergänzen Sie die fehlenden Vokale.

Letzten Sommer sind Paola und Antonella in die Toskana gefahren. Sie sind, ohne anzuhalten, mit dem Auto von München nach Lucca gefahren. In Lucca sind sie in ein Hotel gegangen und haben ein Doppelzimmer mit Bad genommen. Sie haben in dieser Stadt zwei wunderbare Tage verbracht und sind dann nach Arezzo weitergefahren.

▶ **Lösung**

L'estate scorsa, Paola e Antonella sono andate in Toscana. Sono partite da Monaco con la macchina e hanno guidato fino a Lucca senza mai fermarsi. A Lucca sono andate all'albergo e hanno preso una camera doppia con bagno. Hanno trascorso due giorni stupendi in quella città e poi sono ripartite per Arezzo.

124

Tanti auguri!

Beatrice apre i suoi regali di compleanno e ne è completamente entusiasta, perchè li trova tutti bellissimi. Completate le sue frasi correttamente con l'aggettivo *bello*.

1. Ma che _____ orecchini!

2. Ma che _____ orologio!

3. Ma che _____ libro!

4. Ma che _____ zoccoli!

5. Ma che _____ scarpe!

6. Ma che _____ collana!

7. Ma che _____ auto!

125 Un po' di vocabolario!

Collegate tra loro i verbi sinonimi.

1. costringere   **a)** soffrire

2. cascare   **b)** accadere

3. giungere   **c)** sentire

4. patire   **d)** arrivare

5. succedere   **e)** obbligare

6. riflettere   **f)** cadere

7. acquistare   **g)** pensare

8. ascoltare   **h)** comprare

124 Herzlichen Glückwünsch!

Beatrice packt ihre Geschenke aus und ist ganz begeistert; sie gefallen ihr alle. Ergänzen Sie folgende Sätze mit der richtigen Form von **bello**.

1. Was für <u>schöne</u> Ohrringe!
2. Was für eine <u>schöne</u> Uhr!
3. Was für ein <u>schönes</u> Buch!
4. Was für <u>schöne</u> Pantoffeln!
5. Was für <u>schöne</u> Schuhe!
6. Was für eine <u>schöne</u> Kette!
7. Was für ein <u>schönes</u> Auto!

▶ **Lösung**

1. begli	3. bel	5. belle	7. bell'
2. bell'	4. begli	6. bella	

Das Adjektiv **bello** verschmilzt, ähnlich wie eine Präposition, mit dem bestimmten Artikel des Substantivs, auf das sich **bello** bezieht.

125 Ein bisschen Wortschatz!

Verbinden Sie die Verben mit gleicher Bedeutung miteinander.

▶ **Lösung**

1. e) zwingen
2. f) fallen
3. d) ankommen
4. a) leiden
5. b) geschehen, passieren
6. g) überlegen, nachdenken
7. h) anschaffen, kaufen
8. c) hören, zuhören

126 Conoscete l'Italia?

Cercate le parole giuste tra quelle indicate.

> macchina   opera   regista   lago   regione

1. Federico Fellini è il _____ italiano piú famoso all'estero.

2. La Bohème è l'_____ di Puccini che mi piace di piú.

3. I Rossi hanno comprato una Alfa 164. Finalmente una bella _____.

4. Per molti stranieri la _____ piú bella d'Italia è la Toscana.

5. Il _____ piú pittoresco per me è quello di Como.

127 Mio padre

Inserite nelle frasi l'aggettivo possessivo *mio* o *mia* e l'articolo, se necessario.

1. Oggi vado con _____ nonno al cinema.

2. Ho dovuto portare _____ cane dal veterinario.

3. _____ amico ha avuto un'incidente d'auto.

4. _____ macchina non funziona più.

126 Kennen Sie Italien?

Suchen Sie die richtigen Wörter unter den unten angegebenen.

Auto   Oper   Regisseur   See   Gegend

1. Federico Fellini ist der bekannteste italienische <u>Regisseur</u> im Ausland.
2. La Bohème ist meine Lieblings<u>oper</u> von Puccini.
3. Die Rossis haben einen Alfa 164 gekauft. Endlich ein schönes <u>Auto</u>.
4. Für viele Ausländer ist die Toskana die schönste <u>Gegend</u> Italiens.
5. Der malerischste <u>See</u> ist meiner Meinung nach der von Como.

▶ **Lösung**

1. Federico Fellini è il <u>regista</u> italiano più famoso all'estero.
2. La Bohème è l'<u>opera</u> di Puccini che mi piace di più.
3. I Rossi hanno comprato una Alfa 164. Finalmente una bella <u>macchina</u>.
4. Per molti stranieri la <u>regione</u> più bella d'Italia è la Toscana.
5. Il <u>lago</u> più pittoresco per me è quello di Como.

127 Mein Vater

Ergänzen Sie das Possessivpronomen *mio* oder *mia* und den Artikel, wenn es nötig ist.

1. Heute gehe ich mit <u>meinem</u> Opa ins Kino.
2. Ich musste <u>meinen</u> Hund zum Tierarzt bringen.
3. <u>Mein</u> Freund hat einen Autounfall gehabt.
4. <u>Mein</u> Wagen ist kaputt.

▶ **Lösung**

1. mio
2. il mio
3. il mio
4. la mia

128 Dire

Ecco alcuni verbi, sinonimi del verbo *dire*, ma con un significato più preciso. Collegateli con i relativi oggetti!

1. dichiarare
2. esprimere
3. rivelare
4. raccontare
5. spiegare

a) una storia
b) la verità
c) un segreto
d) un'opinione
e) il motivo

129 Che lavoro fa?

Che lavoro fa una persona che

1. lavora in un'edicola?   _____
2. canta?   _____
3. recita in un film?   _____
4. scrive per un giornale?   _____
5. lavora in una macelleria?   _____
6. cura i malati?   _____
7. ripara le scarpe?   _____
8. vende il pane?   _____

128   Sagen

Hier sind einige Verben, die alle die gleiche Bedeutung wie
dire haben, aber etwas präziser sind. Verbinden Sie sie mit den
entsprechenden Objekten!

1. behaupten   **a)** eine Geschichte
2. äußern   **b)** die Wahrheit
3. enthüllen   **c)** ein Geheimnis
4. erzählen   **d)** eine Meinung
5. erklären   **e)** den Grund

▶ **Lösung**

   1. b)   2. d)   3. c)   4. a)   5. e)

129   Was sind Sie von Beruf?

Was ist jemand von Beruf, der

1. in einem Kiosk arbeitet?   Zeitungsverkäufer/in
2. singt?   Sänger/in
3. in einem Film spielt?   Schauspieler/in
4. für eine Zeitung schreibt?   Journalist/in
5. in einer Metzgerei arbeitet?   Metzger/in
6. kranke Leute heilt?   Arzt/Ärztin
7. Schuhe repariert?   Schuhmacher/in
8. Brot verkauft?   Bäcker/in

▶ **Lösung**

   1. **giornalaio/-a**
   2. **cantante**
   3. **attore/attrice**
   4. **giornalista**
   5. **macellaio/-a**
   6. **dottore/dottoressa**
   7. **calzolaio/-a**
   8. **panettiere**

130 Contrari

Trovate il contrario di questi aggettivi:

1. leggibile _____
2. mangiabile _____
3. ripetibile _____
4. bevibile _____
5. ascoltabile _____
6. dicibile _____

131 Cosa si fa se ...?

Cercate tra i verbi indicati nella colonna di destra quello adatto alla situazione.

1. i pantaloni sono lunghi
2. la camicia è sgualcita
3. la foto è piccola
4. il vestito ha una macchia
5. la zuppa è bollente
6. il latte è freddo
7. la gonna è larga
8. le scarpe sono sporche

a) stringere
b) raffreddare
c) lavare
d) lucidare
e) riscaldare
f) accorciare
g) stirare
h) ingrandire

130 Gegenteile

Finden Sie das jeweilige Gegenteil dieser Adjektive:

1. lesbar   <u>unlesbar</u>
2. essbar   <u>ungenießbar</u>
3. wiederholbar   <u>unwiederholbar</u>
4. trinkbar   <u>nicht trinkbar</u>
5. hörbar   <u>unhörbar</u>
6. sagbar   <u>unsagbar</u>

▶ **Lösung**

1. illeggibile   4. imbevibile
2. immangiabile   5. inascoltabile
3. irripetibile   6. indicibile

Die Vorsilbe **in-** drückt im Italienischen das Gegenteil eines
Adjektivs aus. Steht die Vorsilbe vor den Buchstaben **l**, **m**
oder **r**, so wird sie zu **ill-** (z. B.: **illeggibile**), **imm-** (z. B.:
immangiabile) oder **irr-** (z. B.: **irripetibile**).

131 Was macht man, wenn ...?

Suchen Sie unter den Verben in der rechten Spalte diejenigen,
die der Situation entsprechen.

1. die Hose ist lang   **a)** enger machen
2. das Hemd ist zerknittert   **b)** abkühlen
3. das Foto ist klein   **c)** waschen
4. das Kleid hat einen Fleck   **d)** putzen
5. die Suppe ist heiß   **e)** aufwärmen
6. die Milch ist kalt   **f)** kürzen
7. der Rock ist breit   **g)** bügeln
8. die Schuhe sind schmutzig **h)** vergrößern

▶ **Lösung**

1. f)   2. g)   3. h)   4. c)   5. b)   6. e)   7. a)   8. d)

132 **Partiamo?**

Cercate nello schema qui sotto 9 elementi importanti per partire
per un viaggio.

133 **Ordine**

Il tipografo è stato un po' distratto, così le parole non sono al
posto giusto. Potete aiutarlo?

1. Io al vengo non cinema.

_____

2. Ho una mia festa una organizzato bella con amica.

_____

3. Tu noi non mai in discoteca con vieni.

_____

4. Sciare sempre mi piaciuto è.

_____

132 Fahren wir los?

Suchen Sie im abgebildeten Buchstabensalat 9 wichtige Dinge, die man zum Verreisen benötigt.

▶ **Lösung**

senkrecht:

passaporto	Pass
chiavi	Schlüssel
musica	Musik
biglietti	Fahrkarten

waagerecht:

entusiasmo	Begeisterung
bagagli	Gepäck
macchina fotografica	Fotoapparat
guida	Reiseführer
libri	Bücher

133 Ordnung

Der Setzer war ein wenig abgelenkt, daher stehen die Wörter nicht an der richtigen Stelle. Können Sie ihm helfen?

1. Ich komme nicht ins Kino.
2. Ich habe mit einer Freundin von mir eine tolle Fete organisiert.
3. Du kommst nie mit uns in die Diskothek.
4. Ski fahren hat mir immer gut gefallen.

▶ **Lösung**

1. **Io non vengo al cinema.**
2. **Ho organizzato una bella festa con una mia amica.**
3. **Tu non vieni mai in discoteca con noi.**
4. **Mi è sempre piaciuto sciare/Sciare mi è sempre piaciuto.**

134 Ad ogni sostantivo il suo numero!

Alcuni di questi sostantivi si usano solo al plurale, altri hanno pure un singolare. Altri ancora cambiano di significato passando dal singolare al plurale; scoprite quali!

1. le forbici	**4.** i dintorni	**7.** le ferie
2. i coltelli	**5.** gli occhiali	**8.** i calzoni
3. le nozze	**6.** le rovine	**9.** gli spinaci

a) solo al plurale:

_____

_____

b) singolare e plurale:

_____

_____

c) singolare e plurale con diversi significati:

_____

_____

135 *Potere* o *non potere?*

Non è sempre facile per i parlanti di lingua tedesca **distinguere** tra *sapere* e *potere*. Inseriteli nelle frasi e coniugateli.

1. Mi dispiace, ma proprio non _____ venire a teatro con te.

2. Non _____ parlare lo spagnolo, ma capisco molto **bene** il portoghese.

3. _____ a che ora parte il treno per Padova?

4. _____ fumare o ti dà fastidio?

134 Jedem Substantiv sein Numerus!

Einige dieser Substantive werden nur im Plural verwendet, andere auch im Singular. Wieder andere haben im Plural eine andere Bedeutung als im Singular; entdecken Sie, welche.

1. die Schere	**4.** die Umgebung	**7.** die Ferien
2. die Messer	**5.** die Brille	**8.** die Hose
3. die Hochzeit	**6.** die Ruinen	**9.** der Spinat

▶ **Lösung**

a) nur im Plural:
   le nozze **le ferie**
   i dintorni **gli spinaci**

b) im Singular und Plural:
   le forbici **gli occhiali**
   i coltelli

c) Singular und Plural mit verschiedenen Bedeutungen:
   le rovine **i calzoni**

! **Le forbici** „die Schere" wird im Italienischen fast immer im Plural verwendet, hat aber auch einen Singular, **la forbice**; genauso ist es mit **gli occhiali** „die Brille" (Singular **l´occhiale**). **I coltelli** „die Messer" ist ganz einfach der Plural von **il coltello**.

135 *Können* oder *nicht können?*

Für Deutschsprachige ist es nicht immer einfach, zwischen *sapere* und *potere* zu unterscheiden. Fügen Sie sie in die Sätze ein, und konjugieren Sie sie.

1. Es tut mir Leid, aber ich <u>kann</u> wirklich nicht mit dir ins Theater kommen.

2. Ich <u>kann</u> kein Spanisch, aber ich verstehe sehr gut Portugiesisch.

3. <u>Weißt</u> du, um wie viel Uhr der Zug abfährt?

4. <u>Kann</u> ich rauchen, oder stört es dich?

▶ **Lösung**

1. Mi dispiace, ma proprio non <u>posso</u> venire a teatro con te.

2. Non <u>so</u> parlare lo spagnolo, ma capisco molto bene il portoghese.

3. <u>Sai</u> a che ora parte il treno per Padova?

4. <u>Posso</u> fumare o ti dà fastidio?

136 Che pizza!

Che significati può avere la parola *pizza*? Trovate le definizioni
corrette!

qualcosa di noioso

il quadrante dell'orologio

lo zerbino

PIZZA

la bobina di un film

le ciabatte di casa

qualcosa che si mangia

137 Con o senza *di*?

Completate le seguenti frasi, se necessario con la
preposizione *di*.

1. E' bello ____ fare colazione con calma.

2. Preferisco ____ leggere un libro che guardare la televisione.

3. D'inverno ho sempre voglia ____ sciare.

4. Ho bisogno ____ dormire.

5. Non è bello ____ andare in bici con la pioggia.

136   Che pizza!

Was kann das Wort *pizza* bedeuten? Finden Sie die richtigen Definitionen!

etwas Langweiliges   das Ziffernblatt

die Fußmatte   **PIZZA**   eine Filmrolle

die Hausschuhe   etwas Essbares

▶ **Lösung**

1. **qualcosa di noioso**
   Che pizza di libro! Was für ein langweiliges Buch!
2. **la bobina di un film**
   Le pizze del film non sono arrivate in tempo per cui non abbiamo potuto vedere il film. Die Filmrollen sind nicht rechtzeitig angekommen, deswegen haben wir es nicht geschafft, den Film zu sehen.
3. **qualcosa che si mangia**
   Una pizza margherita, per piacere!
   Eine Pizza Margherita, bitte!

137   Mit oder ohne *di*?

Ergänzen Sie folgende Sätze, wenn nötig, mit der Präposition *di*.

1. Es ist schön, in Ruhe zu frühstücken.
2. Ich möchte lieber ein Buch lesen als fernsehen.
3. Im Winter habe ich immer Lust, Ski zu fahren.
4. Ich muss schlafen.
5. Es ist nicht schön, im Regen Rad zu fahren.

▶ **Lösung**

1. – 2. – 3. di 4. di 5. –

Land & Leute

1 Le stagioni

Un grande compositore italiano gli ha dedicato un capolavoro:
Le quattro stagioni.
Chi era? E come si chiamano le quattro stagioni in italiano?

1. _____

2. _____

3. _____

4. _____

2 Un grande regista

Rimini non è solo la famigerata „griglia dei teutoni"
sull'Adriatico. Qui nasce il 20 gennaio 1920 anche
un famoso regista. *Roma* è il titolo di un suo noto film.
E in questa città il 31 ottobre 1993 lui muore.
Qual è il suo nome?

3 Il pittore e la donna misteriosa

L'artista nacque nel 1452 in un piccolo paese della Toscana,
da cui prese anche il nome. Uno dei suoi capolavori
rappresenta una donna con un sorriso misterioso.
Come si chiama l'artista e come la donna?

1 Die Jahreszeiten

Ein großer italienischer Komponist hat ihnen ein Werk gewidmet:
Die vier Jahreszeiten.
Wer war es? Und wie heißen die vier Jahreszeiten in Italienisch?

▶ **Lösung**

Antonio Vivaldi

1. **la primavera**	der Frühling
2. **l'estate**	der Sommer
3. **l'autunno**	der Herbst
4. **l'inverno**	der Winter

2 Ein großer Filmemacher

Rimini ist nicht nur der berüchtigte „Teutonengrill" an der Adria.
Hier wird am 20. Januar 1920 auch ein berühmter Regisseur
geboren. *Roma* ist der Titel eines bekannten Films von ihm.
Und in dieser Stadt stirbt er auch am 31. Oktober 1993.
Wie heißt er?

▶ **Lösung**

Federico Fellini

3 Der Maler und die geheimnisvolle Frau

Der Künstler wurde 1452 in einem kleinen Dorf in der Toskana
geboren, von dem er auch seinen Namen herleitete. Eines
seiner Meisterwerke zeigt eine Frau mit einem geheimnisvollen
Lächeln.
Wie heißt der Künstler, und wie die Frau?

▶ **Lösung**

Leonardo da Vinci
Mona Lisa

4 Superstizione

Cosa porta fortuna agli Italiani?

	vero	falso
1. un quadrifoglio[1]		
2. bussare[2] sul legno		
3. incrociare[3] le dita		
4. gioielli a forma di corno.		

[1] **quadrifoglio** *m*   vierblättriges Kleeblatt
[2] **bussare**   klopfen
[3] **incrociare**   kreuzen

5 Sofia Loren è out

L'otto marzo è la giornata della donna. Perché anche le donne italiane nella maggioranza non vogliono più essere come Sofia Loren le ha rappresentate sullo schermo: casalinga[1], madre e felicemente sottomessa agli uomini.
Quale fiore ricevono oggi come regalo dagli uomini?

[1] **casalinga** *f*   Hausfrau

4 Aberglaube

Was bringt den Italienern Glück?

1. ein vierblättriges Kleeblatt
2. auf Holz klopfen
3. die Finger kreuzen
4. Hörner als Schmuck

▶ **Lösung**

1. richtig
2. falsch: In Italien klopft man auf Eisen. Wenn man z.B. eine schlechte Nachricht erfährt, sagt man **tocca ferro!** berühre Eisen!, um solches Unglück von sich selbst abzuwenden.
3. richtig: Es entspricht dem deutschen Daumendrücken.
4. richtig
   Aber **fare le corna a qualcuno** heißt: jemandem Hörner aufsetzen. In dem Fall ist das Glück recht einseitig verteilt.

5 Sofia Loren ist out

Der 8. März ist der Tag der Frau. Denn auch die italienischen Frauen wollen in der Mehrzahl nicht mehr so sein, wie Sofia Loren ihnen das auf der Leinwand vorgelebt hat: Hausfrau, Mutter und den Männern freudig untertan.
Welche Blume bekommen sie heute von den Männern geschenkt?

▶ **Lösung**

la mimosa   die Mimose

! **Mimosa** wird im Italienischen nicht im übertragenen Sinn gebraucht. Das Wort bezeichnet ausschließlich den Namen der Blume.

6 Conosciuto come Pumuckl

Lo scrittore italiano Carlo Collodi ha creato un burattino[1]
di legno, che, come Pumuckl, è sempre in vena di scherzare[2]
e molto amato dai bambini.
Come si chiama il burattino?

[1] **burattino** *m*   Puppe
[2] **in vena di scherzare**   zu Streichen aufgelegt

7 Delinquenti

Gli Italiani sono spesso i migliori. Perfino in organizzazioni
a delinquere[1]. Come si chiamano queste organizzazioni crimi-
nali in ...

1. Calabria?   _____

2. Sicilia?   _____

3. Campania?   _____

4. Sardegna?   _____

[1] **organizzazione** *f* **a delinquere**   kriminelle Organisation

8 Acqua bollente

A una temperatura di 87 gradi sgorga[1] l'acqua dalle più famose
fonti termali d'Italia. Qui venne un tempo addirittura il dotto[2]
Petrarca per curarsi una noiosa malattia della pelle[3].
Come si chiama questo luogo caldo e vicino a quale città si
trova?

[1] **sgorgare**   sprudeln
[2] **dotto** *m*   Gelehrter
[3] **malattia** *f* **della pelle**   Hautkrankheit

6 Bekannt wie Pumuckl

Der italienische Schriftsteller Carlo Collodi hat eine Holzpuppe erfunden, die, ähnlich wie Pumuckl, immer zu Streichen aufgelegt und bei den Kindern sehr beliebt ist.
Wie heißt die Puppe?

▶ **Lösung**

Pinocchio

7 Kriminelle

Die Italiener sind in vielem Spitze. Selbst im organisierten Verbrechen. Wie heißen die kriminellen Organisationen in …

1. Kalabrien?
2. Sizilien?
3. Kampanien?
4. Sardinien?

▶ **Lösung**

1. **'Ndrangheta**
2. **Mafia**
3. **Camorra**
4. **Anonima Sequestri**

8 Heißes Wasser

Mit 87 ° Celsius sprudelt das Wasser aus den berühmtesten Thermalquellen Italiens. Hierher kam einst sogar der Gelehrte Petrarca, um eine lästige Hautkrankheit auszukurieren.
Wie heißt der heiße Ort und in der Nähe welcher Stadt liegt er?

▶ **Lösung**

Abano Terme bei **Padova** Padua

9 Gastronomia in Italia

Se in Italia volete andare a mangiare fuori, avete una grande
scelta di locali. Conoscete la differenza fra i singoli locali?

1. Ristorante
2. Rosticceria
3. Trattoria
4. Osteria
5. Pizzeria
6. Tavola calda
7. Tavola fredda

10 Opera di canale

Nel 1871, in occasione dell'apertura del Canale di Suez,
fu rappresentata per la prima volta al Cairo una celebre
opera italiana.
Di che opera si tratta e chi ne è il compositore?

9 Gastronomie in Italien

Wenn Sie in Italien zum Essen ausgehen wollen, haben Sie
eine große Auswahl an Lokalen. Kennen Sie den Unterschied
zwischen den einzelnen Gaststätten?

▶ **Lösung**

1. **Ristorante**: Teures Lokal mit kompletten Menüs.
2. **Rosticceria**: Hier isst man – oft im Stehen – Spezialitäten
   vom Grill oder aus dem Backofen.
3. **Trattoria**: Ein Familienbetrieb ohne Speisekarte, in dem
   der Besitzer meist selbst Empfehlungen gibt.
4. **Osteria**: Einst Arme-Leute-Lokal, in dem sich die Gäste
   das Essen selbst mitbrachten. Heute gibt es hier regionale
   Spezialitäten.
5. **Pizzeria**: Hier bestellt man Pizza mit Bier. Das bevorzugte
   Lokal nach dem Kino oder Theater.
6. **Tavola calda**: Meist Selbstbedienung, aber besser als ein
   Fast-food-Lokal.
7. **Tavola fredda**: Bars mit Imbiss wie Mozzarella mit Tomaten,
   Salaten, kaltem Gemüse und Roastbeef.

10 Kanaloper

Im Jahre 1871 wurde anlässlich der Eröffnung des Suezkanals
eine berühmte italienische Oper in Kairo uraufgeführt.
Um welche Oper handelt es sich, und wer ist der Komponist?

▶ **Lösung**

Aida von **Giuseppe Verdi**

11

Il bar

Quali affermazioni
sono vere e quali
sono false?

	vero	falso

1. L'Italiano non si siede al bar bensì sta in
piedi al bancone[1].
2. L'arredamento[2] dei bar è sempre molto
caratteristico e comodo.
3. Al bar si può solo bere.
4. In alcuni bar si gioca a carte e a biliardo.

[1] **bancone** m   Theke   [2] **arredamento** m   Einrichtung

12 I calciatori

Siete degli esperti del calcio? Allora saprete sicuramente di
quali giocatori si tratta qui.

1. i terzini, i difensori

2. gli attaccanti

3. il portiere

4. i centrocampisti

5. il libero

6. le ali

7. il centroavanti

8. lo stopper

11 Die Bar

Welche dieser Behauptungen sind richtig und welche falsch?

1. Der Italiener setzt sich nicht in die Bar,
   sondern stellt sich an die Theke.
2. Die Einrichtung der Bars ist immer sehr
   charakteristisch und bequem.
3. In der Bar kann man nur trinken.
4. In einigen Bars spielt man Karten und
   Billard.

▶ Lösung

1. richtig: Normalerweise bleibt der Italiener nur kurze Zeit
   in der Bar.
2. falsch: Die meisten Bars sind schlicht und unpersönlich
   eingerichtet und in Neonlicht getaucht.
3. falsch: Man bekommt nicht nur Espresso, Tee oder Alko-
   holika, sondern auch Kleinigkeiten zu essen.
4. richtig: Einige Bars in der Provinz dienen auch als
   Jugendtreffpunkt.

12 Fußballspieler

Sind Sie Fußballexperte? Dann wissen Sie sicher, um welche
Spieler es sich hier handelt.

1. i terzini, i difensori   die Verteidiger
2. gli attaccanti   die Stürmer
3. il portiere   der Torwart
4. i centrocampisti   die Mittelfeldspieler
5. il libero   der Libero
6. le ali   die Flügelspieler
7. il centroavanti   der Mittelstürmer
8. lo stopper   der Vorstopper

13 Poeta e tenore

Il nome di *Macerata*, il capoluogo di provincia nel centro delle
Marche, significa veramente „la martoriata[1]". Ma la città
non stava poi tanto male, tanto piú che lí vicino, nella gentile
cittadina di *Recanati*, nacquero il maggior poeta italiano
del secolo XIX e un grande tenore.
Come si chiamavano?

[1] **martoriare**   martern, quälen

14 La città dei violini

Cremona, in Lombardia, ha dato i natali ai più grandi liutai[1]
del mondo.
Indicatene i tre piú famosi!

[1] **liutaio** m   Geigenbauer

15 Fiumi

Qualche volta tutto è semplicissimo. Il tedesco Nil si chiama
in italiano Nilo; il Ganges, Gange. Ma qual è il nome dei
seguenti fiumi?

1. Tiber   _____

2. Donau   _____

3. Rhein   _____

4. Seine   _____

5. Main   _____

13 Dichter und Tenor

Der Name **_Macerata_**, die Provinzhauptstadt im Zentrum der Marken, bedeutet eigentlich „die Gemarterte". Dabei ging es der Stadt so schlecht nicht, zumal in ihrer unmittelbaren Nähe, in dem freundlichen Städtchen **_Recanati_**, der größte italienische Dichter des 19. Jahrhunderts und ein großer Tenor geboren wurden.
Wie hießen sie?

▶ **Lösung**

1. **Giacomo Leopardi** (1798–1837)
2. **Beniamino Gigli** (1890–1957)

14 Die Geigenstadt

In Cremona in der Lombardei wurden die größten Geigenbauer der Welt geboren.
Nennen Sie die drei berühmtesten!

▶ **Lösung**

Nicola Amati (1596–1684)
Giacomo Antonio Stradivari (1644–1737) und
Giuseppe Antonio Guarnieri (1698–1744)

15 Flüsse

Manchmal ist alles ganz einfach. Der deutsche Nil heißt im Italienischen **Nilo**, und der Ganges **Gange**. Wie aber sagt man zu folgenden Flüssen?

▶ **Lösung**

1. Tiber   **Tevere**
2. Donau   **Danubio**
3. Rhein   **Reno**
4. Seine   **Senna**
5. Main   **Meno**

16 Due grandi italiani

A Milano nacque nel 1785 un grande scrittore e poeta.
Scrisse uno dei romanzi più famosi del mondo. Un anno dopo
la sua morte, avvenuta nel 1873, il più grande musicista
italiano compose in sua memoria una Messa da Requiem.

1. Come si chiama lo scrittore?
2. Qual è il titolo del suo romanzo?
3. Chi compose la Messa da Requiem?

17 A tavola

Gli Italiani mangiano volentieri ed abbondantemente – e questo
non soltanto in particolari festivi giorni. Un menu normale può
essere di questo tipo.
Dite i termini italiani delle singole portate[1]!

1. Aperitif　　　　　　　　　　_____

2. Vorspeise　　　　　　　　　_____

3. Suppe　　　　　　　　　　　_____

4. erster Gang　　　　　　　　_____

5. zweiter Gang (Hauptgang)　_____

6. Beilage　　　　　　　　　　_____

7. Obst　　　　　　　　　　　_____

8. Nachspeise　　　　　　　　_____

9. Kaffee　　　　　　　　　　_____

[1] **portata** f　Gang (*beim Essen*)

16 Zwei große Italiener

In Mailand wurde 1785 ein großer Schriftsteller und Dichter geboren. Er schrieb einen der berühmtesten Romane der Welt. Ein Jahr nach seinem Tod 1873 komponierte der größte Komponist Italiens zu seiner Erinnerung ein Requiem.

1. Wie heißt der Schriftsteller?
2. Wie lautet der Titel seines Romans?
3. Wer komponierte das Requiem?

▶ **Lösung**

    1. Alessandro Manzoni
    2. *I promessi sposi*   *Die Verlobten*
    3. Giuseppe Verdi

17 Zu Tisch

Die Italiener essen gern und ausgiebig – und das nicht nur an besonderen Festtagen. Ein normales Menü kann wie folgt aussehen.
Nennen Sie die italienischen Begriffe der einzelnen Gänge!

▶ **Lösung**

    1. aperitivo
    2. antipasto
    3. zuppa
    4. primo piatto
    5. secondo piatto
    6. contorno
    7. frutta
    8. dolce
    9. caffè

18 Isole

Conoscete le seguenti isole italiane?

1. Quale isola è famosa per i suoi pescatori?
2. Quale isola ospitò[1] Napoleone?
3. Quale isola fu liberata per prima dagli americani alla fine della seconda guerra mondiale?
4. Qual è l'isola più a sud d'Italia?

[1] **ospitare**   beherbergen

19 Sport

Qual è lo sport più praticato dagli Italiani?

1. il tennis
2. lo sci
3. il calcio
4. il ciclismo

18 Inseln

Kennen Sie die folgenden italienischen Inseln?

1. Welche Insel ist berühmt für ihre Fischer?
2. Welche Insel beherbergte Napoleon?
3. Welche Insel wurde zuerst von den Amerikanern am Ende des Zweiten Weltkriegs befreit?
4. Welche ist die südlichste Insel Italiens?

▶ **Lösung**

1. **Capri**, gehört zur Region Kampanien.
   (Erinnern Sie sich an das Lied *Capri-Fischer?*)
2. **Elba**, gehört zur Region Toskana.
3. **Sicilia**   Sizilien
4. **Lampedusa**, gehört zur Region Sizilien.

19 Sport

Welche Sportart wird von den Italienern am häufigsten praktiziert?

1. Tennis
2. Ski
3. Fußball
4. Radsport

▶ **Lösung**

3. **il calcio**   Fußball

Fußball wird in Italien am Sonntag gespielt und die Männer, die nicht selbst spielen oder ins Stadion gehen, verfolgen das Spiel im Fernsehen oder im Radio – meist gemeinsam beim Besuch einer Bar.

20 La punta dello stivale

La regione si trova fra il Mar Ionio e il Mar Tirreno. Sulle sue
montagne imperversarono[1] ancora verso la fine del secolo XIX
i briganti. Qui si crede al malocchio[2] e la superstizione[3] è tuttora
vivissima. Eccone un esempio: se due persone sbadigliano[4]
simultaneamente, è segno che morranno nello stesso giorno.
Il capoluogo di provincia sulla punta dello stivale fu completa-
mente raso al suolo dal terremoto[5] del 1908.
Come si chiamano la regione e la città distrutta dal terremoto?

[1] **imperversare**	wüten, toben
[2] **malocchio** m	böser Blick
[3] **superstizione** f	Aberglaube
[4] **sbadigliare**	gähnen
[5] **terremoto** m	Erdbeben

21

Vetture segrete

Sulle strade italiane avrete forse notato veicoli particolari con
l'indicazione NU. Non hanno l'aspetto di veicoli che possano
appartenere alle Nazioni Unite.
A quale organizzazione appartengono allora?

20 Die Spitze des Stiefels

Die Region liegt zwischen dem Ionischen und dem Tyrrhenischen Meer. In ihren Bergen trieben noch Ende des 19. Jahrhunderts Banditen ihr Unwesen. Man glaubt hier an den bösen Blick, und der Aberglaube ist immer noch höchst lebendig. Eine Kostprobe: Wenn zwei Menschen gleichzeitig gähnen, bedeutet es, dass sie am selben Tag sterben werden.
Die Provinzhauptstadt an der Spitze des Stiefels wurde 1908 von einem Erdbeben völlig zerstört.
Wie heißen die Region und die vom Erdbeben zerstörte Stadt?

▶ **Lösung**

Calabria Kalabrien
Reggio Calabria

21 Geheimautos

Auf den italienischen Straßen werden Ihnen vielleicht besondere Fahrzeuge mit der Bezeichnung „NU" aufgefallen sein. Sie sehen nicht so aus, als gehörten sie den Vereinten Nationen (**Nazioni Unite**).
Von welcher Organisation sind sie aber dann?

▶ **Lösung**

Es handelt sich um die Wagen der städtischen Müllabfuhr **Nettezza Urbana (NU)**.

22 L'attrice e il suo poeta

La più grande attrice italiana del principio del secolo morí nel 1924 a Pittsburgh negli USA durante una tournée. E uno dei piú grandi scrittori italiani ha immortalato[1] il suo amore per lei in un romanzo intitolato *Il fuoco*.
Come si chiamavano?

[1] **immortalare**   verewigen

23 Ai piedi di un vulcano

Sulle rive del Mar Ionio, ai piedi di un vulcano, si trova una città, capoluogo di provincia, che diede i natali a un musicista (opere più famose: *La Norma*, *La Sonnambula* e *I Puritani*) e allo scrittore Giovanni Verga (1840–1922). Verga fu uno dei maggiori rappresentanti di una corrente letteraria del XIX secolo.

1. Come si chiama la città?
2. Come si chiama il vulcano?
3. Come si chiama il compositore?
4. Di quale corrente letteraria si tratta?

22 Die Schauspielerin und ihr Poet

Die größte italienische Schauspielerin Anfang dieses Jahrhunderts starb 1924 während einer Tournee im amerikanischen Pittsburgh. Und einer der größten italienischen Schriftsteller hat seine Liebe zu ihr schon 1900 in seinem Roman *Das Feuer* verewigt.
Wie hießen die beiden?

▶ **Lösung**

Eleonora Duse und
Gabriele D'Annunzio

23 Am Fuße eines Vulkans

Am Ufer des Ionischen Meers liegt am Fuße eines Vulkans eine Provinzhauptstadt, in der ein Komponist (wichtigste Opern: *Norma*, *Die Nachtwandlerin* und *Die Puritaner*) und der Schriftsteller **Giovanni Verga** (1840–1922) geboren wurden. Verga war einer der Hauptvertreter einer literarischen Richtung des 19. Jahrhunderts.

1. Wie heißt die Stadt?
2. Wie heißt der Vulkan?
3. Wie heißt der Komponist?
4. Um welche literarische Richtung handelt es sich?

▶ **Lösung**

1. **Catania**
2. **Etna**   Ätna
3. **Vincenzo Bellini** (1801–1835)
4. **del verismo**   um den Verismus oder Naturalismus

24 Un lago lungo

È il lago più lungo e più profondo d'Italia. La sponda occidentale è in Piemonte, quella orientale in Lombardia e l'estremità nord si trova in Svizzera.
Come si chiama questo lago?

25 Pasqua e pasquetta

L'olivo e la palma sono i simboli della Pasqua in Italia. I bambini ricevono uova di Pasqua di cioccolato che contengono delle sorprese. Pasquetta[1] si chiama anche il Lunedí dell'Angelo. In questo giorno si usa fare una gita.
E come si chiamano allora il giovedí ed il venerdí che precedono la Pasqua?

[1] **Pasquetta** f   Ostermontag

26 Festa del Lavoro

Al primo maggio in Italia si festeggia la Festa del Lavoro. La Chiesa Cattolica ha consacrato[1] questo giorno a San Giuseppe Artigiano.

1. Che tipo di artigiano era Giuseppe?
2. E come viene inoltre chiamato in Italia il primo giorno di maggio?

[1] **consacrare**   weihen

24 Ein langer See

Er ist der längste und tiefste See Italiens. Das Westufer ist in Piemont, das Ostufer in der Lombardei und die Nordspitze befindet sich in der Schweiz.
Wie heißt dieser See?

▶ **Lösung**

Lago Maggiore

25 Ostern und Ostermontag

Der Olivenbaum und die Palme sind die Ostersymbole in Italien. Die Kinder bekommen Ostereier aus Schokolade, die Überraschungen enthalten. Den Ostermontag nennt man auch den Montag des Engels. An diesem Tag macht man für gewöhnlich einen Ausflug.
Wie nennt man nun den Donnerstag und den Freitag vor Ostern?

▶ **Lösung**

giovedí santo   Gründonnerstag
venerdí santo   Karfreitag

26 Tag der Arbeit

Am 1. Mai feiert man in Italien den Tag der Arbeit. Die katholische Kirche hat diesen Tag dem heiligen Joseph, dem Handwerker, geweiht.

1. Was für ein Handwerker war Joseph?
2. Und wie nennt man den ersten Maitag in Italien noch?

▶ **Lösung**

1. carpentiere   Zimmermann
2. calendimaggio   Maifeier

27 Bufali e malaria

Lungo le coste della Toscana c'è una regione che ancora nel secolo scorso era un'enorme zona paludosa[1], dove regnava la malaria. In quei tempi vivevano qui bufali[2] e cavalli selvatici[3].

Come si chiama questo territorio e in quale provincia si trova?

[1] **paludoso, -a**   sumpfig   [3] **cavallo** m **selvatico**   Wildpferd
[2] **bufalo** m   Büffel

28 Quiz italiano

Siete dei concorrenti in un quiz italiano e dovete rispondere alle seguenti domande di cultura generale[1] per raggiungere la finale.

1. Come si chiama il fiume più lungo d'Italia?
2. Qual è la stagione più calda dell'anno?
3. Quante regioni ci sono in Italia?
4. Qual è l'università più antica d'Italia?
5. Come si chiama il monte più alto d'Italia?
6. Qual è il museo più grande di Roma?
7. Come si chiama il mercato domenicale di Roma?

[1] **cultura** f **generale**   Allgemeinwissen

27 Büffel und Malaria

An der Küste der Toskana gibt es eine Region, die noch im letzten Jahrhundert ein riesiges Sumpfgebiet war, in dem die Malaria herrschte. Damals lebten hier Büffel und wilde Pferde. Wie heißt dieses Gebiet, und in welcher Provinz befindet es sich?

▶ **Lösung**

Die **Maremma** in der Provinz **Grosseto**

28 Italienisches Quiz

Sie sind Mitspieler in einem italienischen Quiz und müssen folgende Fragen aus dem Allgemeinwissen beantworten, um ins Finale zu kommen.

1. Wie heißt der längste Fluss Italiens?
2. Was ist die wärmste Jahreszeit?
3. Wie viele Regionen gibt es in Italien?
4. Welche ist die älteste Universität Italiens?
5. Wie heißt der höchste Berg Italiens?
6. Welches ist das größte Museum von Rom?
7. Wie heißt der Sonntagsmarkt in Rom?

▶ **Lösung**

1.	**Po**	652 km
2.	**l'estate**	der Sommer
3.	**ventuno**	21
4.	**Bologna (secolo XI)**	Bologna (11. Jahrhundert)
5.	**Monte Bianco**	Montblanc (4810 m)
6.	**i Musei Vaticani**	die Vatikanischen Museen
7.	**Porta Portese**	

29 Isola dell'imperatore

È la maggiore isola d'Italia e nel corso dei secoli fu dominata da Greci, Romani, Arabi, Normanni, Tedeschi, Francesi e Spagnoli. Anche l'imperatore Federico II di Svevia vi risiedette. Come si chiama l'isola?

30 Una grande personalità

Visse nello scorso secolo e fu uno degli autori del Risorgimento. Scopo di questo movimento era la libertà, l'indipendenza e l'unità d'Italia. Nel 1860 guidò la spedizione dei mille nell'Italia del Sud e donò[1] poi a Vittorio Emanuele II il regno conquistato. Morí sull'isola di Caprera a nord della Sardegna. Chi era?

[1] **donare**   schenken

31 Il tacco dello stivale

In questa regione troviamo il riscontro meridionale del triangolo industriale del nord.
Come si chiama la regione e quali sono le città che formano il triangolo industriale?

29 Kaiserinsel

Sie ist die größte Insel Italiens und wurde im Laufe der Jahrhunderte von Griechen, Römern, Arabern, Normannen, Deutschen, Franzosen und Spaniern beherrscht. Auch der Staufenkaiser Friedrich II. residierte hier.
Wie heißt die Insel?

▶ **Lösung**

Sicilia   Sizilien

30 Eine große Persönlichkeit

Er lebte im letzten Jahrhundert und war einer der Urheber des Risorgimento. Ziel dieser Bewegung war die Freiheit, Unabhängigkeit und Einheit Italiens. 1860 führte er den Zug der Tausend nach Süditalien und schenkte dann Viktor Emanuel II. das eroberte Reich. Er starb auf der Insel **Caprera** nördlich von Sardinien.
Wer war es?

▶ **Lösung**

Giuseppe Garibaldi

31 Der Stiefelabsatz

In dieser Region gibt es das südliche Pendant zum Industriedreieck im Norden.
Wie heißt die Region, und welche Städte bilden das Industriedreieck?

▶ **Lösung**

Puglia   Apulien
Bari, Brindisi und **Taranto**

32 In vino veritas

Sapete a quali zone dell'Italia appartengono i seguenti vini?

1. Barbera   **a)** Emilia Romagna
2. Cannonau   **b)** Toscana
3. Picolit   **c)** Sardegna
4. Lambrusco   **d)** Piemonte
5. Chianti   **e)** Friuli-Venezia Giulia

33 Agenti dell'ordine pubblico

In Italia ci sono tre diverse categorie di agenti dell'ordine pubblico.
Come si chiamano?

1. _____

2. _____

3. _____

34 Tre maestri

Nel XIV secolo vissero in Toscana tre grandi letterati:
Dante Alighieri, Francesco Petrarca e Giovanni Boccaccio.
Associate i tre citati capolavori[1] al loro creatore!

1. Dante   **a)** Decamerone
2. Boccaccio   **b)** I Trionfi
3. Petrarca   **c)** Divina Commedia

[1] **capolavoro** m   Meisterwerk

32 In vino veritas

Wissen Sie, zu welchen Regionen Italiens die folgenden Weine gehören?

1. Barbera	**a)** Emilia Romagna
2. Cannonau	**b)** Toskana
3. Picolit	**c)** Sardinien
4. Lambrusco	**d)** Piemont
5. Chianti	**e)** Friaul-Julisch-Venetien

▶ **Lösung**

1. d)   2. c)   3. e)   4. a)   5. b)

33 Hüter der öffentlichen Ordnung

In Italien gibt es drei verschiedene Kategorien von Ordnungs-hütern.
Wie heißen sie?

▶ **Lösung**

1. Carabinieri   Gendarmen, dem Verteidigungs-ministerium unterstellt
2. Poliziotti   Polizeibeamte, dem Innenministerium unterstellt
3. Vigili urbani   Verkehrspolizisten, Angestellte der Gemeinde

34 Drei Meister

Im 14. Jahrhundert lebten drei große Literaten in der Toskana: Dante Alighieri, Francesco Petrarca und Giovanni Boccaccio. Ordnen Sie die drei genannten Meisterwerke ihrem Schöpfer zu!

▶ **Lösung**

1. c)   2. a)   3. b)

35 Una famosa corsa di cavalli

In una città toscana ha luogo ogni anno il 2 luglio ed il
16 agosto una corsa medioevale di cavalli. Ricorda la vittoria
dell'armata[1] cittadina nell'anno 1260 contro una città con-
corrente.

1. Come si chiama la corsa di cavalli?
2. In quale città viene organizzata?
3. Quale era la città concorrente?

[1] **armata** f   Heer

36

Grandi uomini di Genova

Accanto a Colombo, Genova diede
i natali ad altre tre grandi personalità:

– a un violinista (1782–1840), di cui
  si diceva che il diavolo gli guidasse
  l'archetto[1],
– a un patriota, morto a Pisa nel 1872
  povero e sconosciuto, al quale però
  ogni città italiana ha dedicato una via o una piazza
– e a un premio Nobel per la letteratura (1896–1981).

Come si chiamano? E di quale regione e capoluogo Genova?

[1] **archetto** m   Bogen

35 Ein berühmtes Pferderennen

In einer toskanischen Stadt findet jedes Jahr am 2. Juli und am 16. August ein mittelalterliches Pferderennen statt. Es erinnert an den Sieg des städtischen Heeres im Jahre 1260 gegen eine Konkurrenzstadt.

1. Wie heißt das Pferderennen?
2. In welcher Stadt wird es veranstaltet?
3. Wer war die Konkurrenzstadt?

▶ **Lösung**

    1. der **Palio**
    2. Siena
    3. Florenz

36 Genuas große Männer

Neben Kolumbus wurden in Genua noch drei weitere große Persönlichkeiten geboren:

– ein Geiger (1782–1840), von dem man sagte, daß ihm der Teufel persönlich den Bogen führe,
– ein Patriot, der 1872 arm und unbekannt in Pisa starb, dem aber jede italienische Stadt eine Straße oder einen Platz gewidmet hat
– und ein Nobelpreisträger der Literatur (1896–1981).

Wie heißen die drei? Und von welcher Region ist Genua die Hauptstadt?

▶ **Lösung**

    Niccolò Paganini, Giuseppe Mazzini und **Eugenio Montale**
    Liguria Ligurien

37 La più piccola e più alta regione d'Italia

Sulle rive della Dora Baltea sorse per ordine dell'imperatore
Augusto la città di *Augusta Praetoria*. La regione in cui essa si
trova si estende tra il Monte Bianco e il Monte Rosa.

1. Come si chiama la regione?
2. Come si chiama oggi *Augusta Praetoria?*
3. Che lingua parlano le popolazioni valligiane?

38 Una fertile regione ... in tutti i sensi

Quando si parla di Emilia Romagna vengono in mente la buona
cucina, i vini prelibati[1] come il Lambrusco, l'Albana e il
Sangiovese; la mortadella di Bologna, il prosciutto di Parma,
gli zamponi[2] e i cotechini[3] di Modena, il formaggio par-
migiano e tante altre leccornie[4]. Ma c'è anche dell'altro: musica,
poesia, scienza.

1. Che compositore nacque a Roncole di Busseto in provincia
   di Parma nel 1813? _____

2. Chi fu il gentile poeta nato a San Mauro di Romagna (Forlí)
   nel 1855? _____

3. Chi fu l'inventore del telegrafo senza fili – premio Nobel
   per la fisica (1909) – nato a Griffone vicino a Bologna?

---

[1] **prelibato, -a** vorzüglich   [3] **cotechino** *m* Schlackwurst
[2] **zampone** *m* Schweinsfuß   [4] **leccornia** *f* Leckerbissen

37 Die kleinste und höchste Region Italiens

An dem Fluss **Dora Baltea** entstand auf Befehl des Kaisers
Augustus die Stadt *Augusta Praetoria*. Die dazugehörige Region
erstreckt sich zwischen dem Montblanc und dem **Monte Rosa**.

1. Wie heißt die Region?
2. Welchen Namen trägt *Augusta Praetoria* heute?
3. Und welche Sprache sprechen die Menschen in den Tälern?

▶ **Lösung**

1. **Val d'Aosta** Aostatal
2. **Aosta**
3. **francese** Französisch

38 Ein fruchtbares Land ... in jeder Hinsicht

Wenn von der **Emilia Romagna** die Rede ist, kommt einem die
gute Küche in den Sinn, die vorzüglichen Weine wie **Lambrusco**,
Albana und **Sangiovese**; die **Mortadella** von **Bologna**, der
Parma-Schinken, die Schweinsfüße und die Schlackwürste von
Modena, der Parmesankäse und viele andere Leckerbissen.
Aber es gibt auch anderes: Musik, Dichtung und Wissenschaft.

1. Welcher Komponist wurde 1813 in **Roncole di Busseto**,
   Provinz Parma, 1813 geboren?
2. Wer war der liebenswürdige Dichter, der 1855 in **San
   Mauro di Romagna (Forlì)** geboren wurde?
3. Wer war der Erfinder der drahtlosen Telegrafie – Nobel-
   preis für Physik im Jahre 1909 –, der in **Griffone** bei **Bologna**
   geboren wurde?

▶ **Lösung**

1. **Giuseppe Verdi** (1813–1901)
2. **Giovanni Pascoli** (1855–1912)
3. **Guglielmo Marconi** (1874–1937)

39 Premio Nobel

Nel centro della Sardegna sorge una città, dove nacque una
grande scrittrice, che ottenne il premio Nobel per la letteratura
nello stesso anno (1926) in cui la sua città natale fu elevata
a capoluogo di provincia. Descrisse la vita selvaggia e primor-
diale dei contadini e pastori della sua terra.

1. Come si chiama la città?
2. Qual è il nome della scrittrice?

40 Un ponte dell'asino

C'è una frase che s'insegna
nelle scuole elementari per im-
parare più facilmente il nome
delle singole catene delle Alpi.
La frase è: *Ma con gran pena
le reca giù.* Ogni sillaba, tranne
na, rappresenta l'inizio del
nome di una catena alpina.
Come si chiamano le singole
catene alpine italiane?

1. Alpi Ma_____   **5.** Alpi Le_____

2. Alpi Co_____   **6.** Alpi Re_____

3. Alpi Gra_____   **7.** Alpi Ca_____

4. Alpi Pe_____   **8.** Alpi Giu_____

39 Nobelpreisträgerin

Im Zentrum Sardiniens liegt eine Stadt, in der eine große Schriftstellerin geboren wurde, die den Nobelpreis für Literatur in demselben Jahr (1926) bekam, in dem ihre Geburtsstadt zur Provinzhauptstadt erhoben wurde. Sie beschrieb das wilde und ursprüngliche Leben der Bauern und Hirten ihrer Heimat.

1. Wie heißt die Stadt?
2. Wie heißt die Schriftstellerin?

▶ **Lösung**

1. **Nuoro**
2. **Grazia Deledda** (1871–1936)

40 Eine Eselsbrücke

Es gibt einen Satz, der in den italienischen Volksschulen gelehrt wird, damit man die Namen der einzelnen Gebirgsketten der Alpen leichter lernen kann. Der Satz lautet: ***Ma con gran pena le reca giú*** (Aber mit großer Mühe trägt er sie hinunter). Jede Silbe mit Ausnahme von ***na*** bildet den Anfang des Namens einer Gebirgskette.
Wie heißen die einzelnen italienischen Alpenketten?

▶ **Lösung**

1. **Alpi Marittime**	Seealpen
2. **Alpi Cozie**	Kottische Alpen
3. **Alpi Graie**	Grajische Alpen
4. **Alpi Pennine**	Penninische Alpen
5. **Alpi Lepontine**	Lepontinische Alpen
6. **Alpi Retiche**	Rätische Alpen
7. **Alpi Carniche**	Karnische Alpen
8. **Alpi Giulie**	Julische Alpen

41 Pietre antiche, antica sapienza

Padova è una delle più belle città del Veneto. Nelle sue vicinanze si trova l'amena[1] cittadina di Monselice. Dal suo nome si può già desumere[2] che pietra è stata qui ricavata[3].
Lo sapete? E per quale ragione Padova divenne famosa quasi 800 anni fa?

[1] **ameno, -a**   anmutig
[2] **desumere**   entnehmen, herleiten
[3] **ricavare**   herausholen, abbauen

42

Il bambino e il drago

Nell'insolito stemma di una metropoli dell'Italia settentrionale appare un drago che sta divorando un bambino.
Di che città si tratta?

41 Alte Steine, altes Wissen

Padua ist eine der schönsten Städte Venetiens. In seiner Nähe liegt das anmutige Städtchen **Monselice**. Aus seinem Namen lässt sich schon entnehmen, welcher Stein hier abgebaut wurde. Wissen Sie es? Und wofür ist Padua vor nunmehr fast 800 Jahren berühmt geworden?

▶ **Lösung**

Der Name **Monselice** kommt vom Lateinischen **Mons silicis** *Kieselberg*. Die Kieselsteine von **Monselice** wurden für die Pflasterung des Markusplatzes in Venedig verwendet. In Padua wurde 1222 eine der ältesten Universitäten Europas gegründet.

42 Das Kind und der Drache

In dem ungewöhnlichen Wappen einer norditalienischen Groß-stadt ist ein Drache zu sehen, der gerade dabei ist, ein kleines Kind zu verschlingen.
Um welche Stadt handelt es sich?

▶ **Lösung**

Milano Mailand

Der Drache wurde der Legende nach gerade noch rechtzeitig von dem Edlen **Uberto Visconti** getötet, sodass man das Kind retten konnte. Seither sind Drache und Kind im Mailänder Stadtwappen verewigt.

43 Stampa italiana

Sapevate che in Italia ...

1. i quotidiani escono anche alla domenica?
2. la terza pagina è sempre la pagina culturale?
3. i giornali e le riviste si vendono nelle edicole[1] e non nei supermercati o altrove?

Dite il nome dei tre più grandi quotidiani italiani!

[1] **edicola** f   Kiosk

44 Mutande rosse

L'ultimo giorno dell'anno gli Italiani sono legati da un segreto intimo: sia le donne che gli uomini portano biancheria intima rossa. Come finisce infine lo show nazionale della biancheria, quando si fanno tintinnare[1] i bicchieri di spumante, rimane anche un segreto. Comunque il tema non è idoneo[2] a svolgere ancora un compito.

[1] **tintinnare** klirren, klingeln   [2] **idoneo, -a**   geeignet

43 Italienische Presse

Wussten Sie, dass in Italien …

1. die Tageszeitungen auch am Sonntag erscheinen?
2. die dritte Seite immer das Feuilleton ist?
3. die Zeitungen und Zeitschriften nur in Kiosken, nicht aber in den Supermärkten oder anderswo verkauft werden?

Nennen Sie die drei größten italienischen Tageszeitungen!

▶ **Lösung**

1. **Corriere della Sera**
2. **La Repubblica**
3. **La Stampa**

44 Rote Unterhosen

Am letzten Tag des Jahres verbindet die Italiener ein intimes Geheimnis: Frauen wie Männer tragen rote Unterwäsche. Wie die nationale Reizwäsche-Show schließlich endet, wenn die Sektgläser klirren, bleibt ebenfalls ein Geheimnis. Jedenfalls ist das Thema nicht geeignet, um noch eine Aufgabe zu machen.

45 Simboli

Conoscete i simboli delle seguenti città?

1. Firenze
   a) la rosa
   b) il giglio

2. Bologna
   a) i tortellini
   b) due torri

3. Venezia
   a) il leone di San Marco
   b) la chiesa di San Giorgio

46 Altri simboli

Ognuna di queste tre città ha come simbolo un animale.
Conoscete quello esatto?

1. Torino
   a) il toro
   b) la mucca

2. Napoli
   a) il bue
   b) l'asino

3. Roma
   a) la lupa
   b) l'orso

45 Wahrzeichen

Kennen Sie die Wahrzeichen der folgenden Städte?

1. Florenz
   a) die Rose
   b) die Lilie

2. Bologna
   a) Teigringe
   b) zwei Türme

3. Venedig
   a) der Löwe des heiligen Markus
   b) die St.-Georgs-Kirche

▶ **Lösung**
   1. b)   2. b)   3. a)

46 Weitere Wahrzeichen

Jede dieser drei Städte hat ein Tier als Wahrzeichen.
Kennen Sie das richtige?

1. Turin
   a) der Stier
   b) die Kuh

2. Neapel
   a) der Ochse
   b) der Esel

3. Rom
   a) die Wölfin
   b) der Bär

▶ **Lösung**
   1. a)   2. b)   3. a)

47

Felice anno nuovo

Capodanno si chiama il primo giorno dell'anno. Il 1 gennaio si mangiano in Italia cibi che si spera portino fortuna: Nel Sud una specie di anguilla[1] chiamata capitone, nel Nord le lenticchie[2] con il cotechino[3].
Oppure in alternativa viene anche servita volentieri una parte specifica del maiale. Quale?

[1] **anguilla** *f*   Aal   [2] **lenticchie** *f/pl*   Linsen   [3] **cotechino** *m*   Schlackwurst

48 Cannoni e cioccolatini

L'Umbria verde, nel centro della penisola, è anche la regione delle acciaierie[1] e dell'industria bellica. Nella stessa regione un santo scrisse il suo *Canticus creaturarum*. Qui ci si può riempire il gozzo[2] di Baci e sorseggiare[3] un buon bicchiere di Orvieto.

1. Come si chiama la città umbra dei cannoni?
2. Chi era il santo?
3. Come si chiama la città dei Baci?

[1] **acciaieria** *f*   Stahlwerk
[2] **gozzo** *m*   Kropf, Magen
[3] **sorseggiare**   schlürfen

47 Glückliches neues Jahr

Capodanno – Kopf des Jahres – heißt der erste Tag des Jahres. Am 1. Januar isst man in Italien Speisen, von denen man hofft, dass sie Glück bringen: im Süden eine Aalart namens **capitone**, im Norden Linsen mit Schlackwurst.
Alternativ wird auch gern ein bestimmter Teil des Schweins serviert. Welcher?

▶ **Lösung**

lo zampone   der Schweinsfuß

48 Kanonen und Pralinen

Das grüne Umbrien im Zentrum der Halbinsel ist auch die Region der Stahlwerke und der Rüstungsindustrie. In derselben Region hat ein Heiliger seinen *Sonnengesang* geschrieben. Hier kann man sich den Bauch mit **Baci**-Pralinen füllen und ein gutes Glas **Orvieto**-Wein schlürfen.

1. Wie heißt Umbriens Kanonen-Stadt?
2. Wer war der Heilige?
3. Wie heißt die **Baci**-Stadt?

▶ **Lösung**

1. **Terni**
2. **San Francesco d'Assisi**   Franz von Assisi
3. **Perugia**

49 Stampa

La parola *giornale* viene da giorno. Ma qual è la definizione corretta per pubblicazioni che …

1. escono ogni giorno?
2. escono ogni settimana?
3. escono ogni mese?

50 Monumenti

A quali città appartengono i seguenti monumenti?

1. Loggia dei Lanzi
2. Colosseo
3. Mausoleo di Galla Placidia
4. Superga

a) Ravenna
b) Torino
c) Firenze
d) Roma

51 Un grande costruttore

Uno dei piú grandi costruttori italiani nacque nel 1508 a Padova. Morí all'età di 72 anni a Vicenza, dove si possono anche ammirare numerose testimonianze[1] della sua opera architettonica. Anche a Venezia però si trovano alcune sue chiese e palazzi.
Come si chiama il costruttore?

[1] **testimonianza** f   Zeugnis

49 Presse

Das Wort *giornale* Zeitung kommt von **giorno** Tag. Wie aber heißt die korrekte Bezeichnung für Publikationen, die ...

1. täglich erscheinen?
2. wöchentlich erscheinen?
3. monatlich erscheinen?

▶ **Lösung**

1. **quotidiano**   Tageszeitung
2. **settimanale** Wochenzeitschrift
3. **mensile**   Monatszeitschrift

50 Denkmäler

Zu welchen Städten gehören die folgenden Denkmäler?

1. Loggia dei Lanzi   a) Ravenna
2. Kolosseum   b) Turin
3. Mausoleum von Galla Placidia   c) Florenz
4. Superga   d) Rom

▶ **Lösung**

1. c)   2. d)   3. a)   4. b)

51 Ein großer Baumeister

Einer der größten Baumeister Italiens ist 1508 in Padua geboren. Gestorben ist er im Alter von 72 Jahren in Vicenza, wo man auch zahlreiche Zeugnisse seiner Baukunst bewundern kann. Kirchen und Paläste vom ihm findet man aber auch in Venedig.
Wie heißt der Baumeister?

▶ **Lösung**

Andrea Palladio

52 Città e abitanti

Come si chiamano gli abitanti di ...

1. Napoli?   _____

2. Palermo?   _____

3. Milano?   _____

4. Bologna?   _____

5. Bergamo?   _____

53

Uno strano comportamento

Cosa fanno gli italiani ...

1. che abbaiano alla luna?

2. che pestano[1] l'acqua nel mortaio[2]?

3. che seminano sulla sabbia?

[1] **pestare**   zerstampfen
[2] **mortaio** *m*   Mörser

52 Städte und Bewohner

Wie heißen die Bewohner von ...

1. Neapel?
2. Palermo?
3. Mailand?
4. Bologna?
5. Bergamo?

▶ **Lösung**

1. Napoletani	Neapolitaner
2. Palermitani	Palermitaner
3. Milanesi	Mailänder
4. Bolognesi	Bologneser
5. Bergamaschi	Bergamasken

53 Ein seltsames Verhalten

Was machen Italiener, die ...

1. den Mond anbellen?
2. Wasser im Mörser zerstampfen?
3. auf Sand säen?

▶ **Lösung**

Sie machen immer das gleiche: eine völlig unnütze, über-
flüssige und sinnlose Sache. Genau das bedeuten die drei
Redewendungen.

54 In vino veritas

Sapete a quali regioni dell'Italia appartengono i seguenti vini?

1. Valpolicella	**a)** Sicilia
2. Franciacorta	**b)** Umbria
3. Corvo	**c)** Lombardia
4. Frascati	**d)** Veneto
5. Orvieto	**e)** Lazio

55 Un saggio come uomo di Stato

Durante il fascismo questo socialista convinto fu piú volte imprigionato[1]. Dopo la fine della seconda guerra mondiale però divenne un uomo politico rispettato da tutti. Nel 1978 fu eletto addirittura Presidente della Repubblica. Rivestí questa carica[2] fino all'età avanzata di 89 anni. Morí il 24 febbraio 1990 a Roma.
Come si chiamava il vecchio saggio uomo della politica italiana?

[1] **imprigionare**   einsperren
[2] **carica** f   Amt

56 Teatro per Ambrogio

Il 7 dicembre si inaugura la stagione per gli amici della musica, dell'opera e del balleto in uno dei teatri piú famosi d'Italia. Contemporaneamente la città festeggia il suo patrono, Sant'Ambrogio, che nel quarto secolo era il suo vescovo. Come si chiamano il teatro e la città?

54 In vino veritas

Wissen Sie, zu welchen Regionen Italiens die folgenden
Weine gehören?

1. Valpolicella	**a)** Sizilien
2. Franciacorta	**b)** Umbrien
3. Corvo	**c)** Lombardei
4. Frascati	**d)** Venetien
5. Orvieto	**e)** Latium

▶ **Lösung**

1. d) 2. c) 3. a) 4. e) 5. b)

55 Ein Weiser als Staatsmann

In der Zeit des Faschismus hat man diesen überzeugten Sozia-
listen immer wieder eingesperrt. Nach Ende des Zweiten
Weltkriegs aber wurde er ein allseits anerkannter Politiker.
1978 wählte man ihn sogar zum Staatspräsidenten. Dieses Amt
bekleidete er bis ins hohe Alter von 89 Jahren. Er starb am
24. Februar 1990 in Rom.
Wie hieß der weise alte Mann der italienischen Politik?

▶ **Lösung**

Alessandro (Sandro) Pertini

56 Theater um Ambrosius

Der 7. Dezember ist für die Musik-, Opern- und Ballettliebhaber
der Saisonbeginn in einem der berühmtesten italienischen
Theater. Gleichzeitig feiert die Stadt das Fest ihres Patrons, des
heiligen Ambrosius, der hier im 4. Jahrhundert Bischof war.
Wie heißen das Theater und die Stadt?

▶ **Lösung**

die **Scala** in **Mailand**

57

Recipienti per vino

Nel vino è contenuta la verità; ma dove è contenuto il vino?

1. _____

2. _____

3. _____

58 Tre re e una strega

Il 6 gennaio si celebra la festa dei Re Magi o l'Epifania.
Si dice anche che è la festa della Befana[1]. Pare che in questo
giorno una vecchia strega a cavallo della sua scopa[2] arrivi
dal cielo e si cali[3] in casa dal camino, per portare i regali ai
bambini bravi. Quelli cattivi ricevono solo del carbone. Perciò
i bambini il giorno della venuta dei Re Magi appendono le
loro calze al camino o alla finestra.
A proposito, cosa c'entra la Befana con Babbo Natale[4]?

[1] **Befana** f Befana, Hexe   [3] **calarsi**   sich herablassen
[2] **scopa** f   Besen   [4] **Babbo Natale** m   Weihnachtsmann

57 Weinbehälter

Im Wein liegt die Wahrheit, aber worin liegt der Wein?

▶ **Lösung**

1. **bottiglia**   Flasche
2. **damigiana**   Ballon
3. **botte**   Fass

58 Drei Könige und eine Hexe

Am 6. Januar feiert man das Fest der Heiligen Drei Könige oder Epiphanie.
Es heißt auch das Fest der Hexe. Angeblich reitet nämlich an diesem Tag eine alte Hexe auf ihrem Besen über den Himmel und kommt durch den Kamin ins Haus, um den braven Kindern Geschenke zu bringen. Die frechen bekommen nur Kohlen.
Deshalb hängen die Kinder am Dreikönigsfest ihre Strümpfe an den Kaminsims oder ans Fenster.
Was hat die Hexe übrigens mit dem Weihnachtsmann zu tun?

▶ **Lösung**

In Italien sagt man:
Credi ancora alla Befana!
Du glaubst wohl immer noch an den Weihnachtsmann!

59 Sigle

Conoscete queste sigle?

1. D.O.C.
2. U.S.L.
3. C.A.P.

60 Due epoche

I secoli XV e XIX sono state per l´ Italia due epoche storiche essenziali.
Come si chiamano?

59 Abkürzungen

Kennen Sie diese Abkürzungen?

▶ **Lösung**

1. **D.O.C.: Denominazione di origine controllata**
   Kontrollierte Ursprungsbezeichnung für italienischen
   Qualitätswein seit 1963.
2. **U.S.L.: Unità sanitaria locale**
   Das ist die Basis des italienischen Gesundheitssystems.
   Es gibt 649 örtliche Gesundheitsämter in ganz Italien.
   Für Leute mit sehr niedrigem Einkommen sind die Leistun-
   gen gratis, die anderen bezahlen einen vom Einkommen
   abhängigen Prozentsatz.
3. **C.A.P.: Codice di avviamento postale**
   Postleitzahl; auch in Italien fünfstellig.

60 Zwei Epochen

Das 15. und das 19. Jahrhundert waren zwei wesentliche
geschichtliche Epochen in Italien.
Wie heißen sie?

▶ **Lösung**

Il Rinascimento die Renaissance *(wörtl.:* die Wiedergeburt)
breitete sich im 15. Jahrhundert von Italien in ganz Europa
aus.
Il Risorgimento *(wörtl.:* die Wiedererhebung) war die
Epoche, in der sich im 19. Jahrhundert die Einigung Italiens
vollzog.

61 Il dado è tratto[1]

Questa frase fu pronunciata da un grande condottiero[2] al quale il Senato aveva vietato di tornare a Roma. Egli varcò il Rubicone e marciò verso Roma, dove piú tardi, alle Idi di marzo[3], fu ucciso a pugnalate.
Chi fu il condottiero romano?

[1] **tratto**   gezogen, hier: gefallen
[2] **condottiero** m   Heerführer, Feldherr
[3] **Idi** f, m/pl **di marzo** Iden des März

62 Terra della luce

Il nome di questa regione trae origine dal latino *lux*, luce. Per molto tempo la luminosa ed aerea regione si chiamò Lucania. Nel X secolo i Bizantini l'assoggettarono. In questo periodo nasce il nuovo nome della regione, dalla parola greca *basilikós*, funzionario imperiale.
Come si chiama oggi la regione?

63 Scacchi

Giocate a scacchi? Se è cosí, le seguenti locuzioni idiomatiche vi risulteranno certamente facili.

1. subire uno scacco
2. tenere qualcuno in scacco
3. vedere il sole a scacchi

61 Die Würfel sind gefallen

Dieser Satz wurde von einem großen Heerführer ausgesprochen, dem der Senat verboten hatte, nach Rom zurückzukehren. Er überschritt den Rubikon und marschierte auf Rom zu, wo er später an den Iden des März erstochen wurde.
Wer war der römische Feldherr?

▶ **Lösung**

Caio Giulio Cesare Gaius Julius Cäsar

62 Land des Lichts

Der Name dieser Region kam ursprünglich vom lateinischen Wort *lux*, Licht. Lange Zeit hieß das helle, luftige Land **Lucania**. Im 10. Jahrhundert aber wurde es von den Byzantinern unterworfen. In dieser Zeit entstand der neue Name der Region, aus dem griechischen Wort *basilikós*, kaiserlicher Statthalter.
Wie heißt die Region heute?

▶ **Lösung**

Basilicata Basilikata

63 Schach

Spielen Sie Schach? Dann fallen Ihnen die folgenden Redewendungen sicher leicht.

1. **subire uno scacco**   eine Niederlage erleiden
2. **tenere qualcuno in scacco** jemanden in Schach halten
3. **vedere il sole a scacchi** hinter Schloss und Riegel sitzen

64 Moda

L'Italia è famosa per i suoi stilisti[1]. Si parla delle tre grandi „G" della moda italiana, perché i nomi degli eleganti signori cominciano con una „G".
Come si chiamano?

[1] **stilista** *m*   Modeschöpfer

65 Il corpo umano

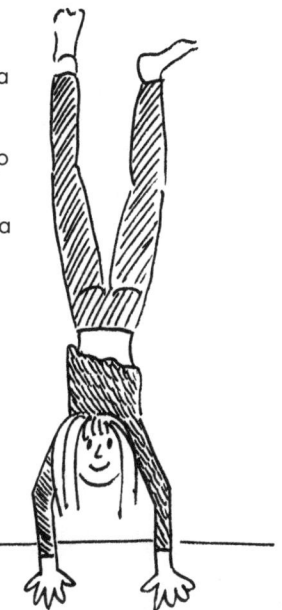

„Signor commissario, in riva al fiume è stato trovato il braccio di una donna!"
„Ah, queste donne ... devono sempre perdere qualcosa!"

Adesso però siamo di nuova seri: dite le altre parti del corpo della figura qui disegnata!

64 Mode

Italien ist berühmt für seine Modeschöpfer. Man spricht von den drei großen „G" der italienischen Mode, weil die Vornamen der eleganten Herren mit einem „G" beginnen. Wie heißen sie?

▶ **Lösung**

1. **Giorgio Armani**
2. **Gianfranco Ferré**
3. **Gianni Versace**

65 Der menschliche Körper

„Herr Kommissar, am Flussufer hat man den Arm einer Frau gefunden!"
„Ah, diese Frauen … immer müssen sie etwas verlieren!"

Jetzt aber wieder Ernst: Nennen Sie die anderen Körperteile der hier gezeigten Figur!

▶ **Lösung**

1. **la mano**	die Hand
2. **il dito**	der Finger
3. **il ginocchio**	das Knie
4. **il piede**	der Fuß
5. **la testa**	der Kopf
6. **la gamba**	das Bein
7. **la caviglia**	das Fußgelenk
8. **il polso**	das Handgelenk
9. **il gomito**	der Ellbogen

Einige Körperteile sind in der Einzahl männlich, in der Mehrzahl weiblich, wobei die Endung aber in der Einzahl bleibt: **il dito** der Finger – **le dita** die Finger, **il ginocchio** das Knie – **le ginocchia** die Knie.

66 Giornalisti

Un tale mandò a un giornalista un articolo pieno di errori grammaticali con questa annotazione[1]: „Ti mando un articolo da pubblicare; mettici tu le virgole[2]!" Il giornalista rispose: „Un'altra volta, amico mio, mandami tu le virgole, che io ti faccio l'articolo".

Due domande pertinenti:

1. È il cronista che amministra l'archivio di un giornale?
2. Nella cronaca nera si leggono gli annunci mortuari[3]?

[1] **annotazione** *f*   Vermerk
[2] **virgola** *f*   Komma
[3] **annuncio** *m* **mortuario**   Todesanzeige

67

Fanatici malati

Che la passione per lo sport di certi italiani assuma forme chiaramente patologiche, lo si può osservare ogni fine-settimana allo stadio. Gli Italiani sono però anche abbastanza onesti da ammetterlo. Infatti il fanatismo sportivo porta lo stesso nome di una malattia mortale. Quale?

66 Journalisten

Jemand schickte einem Journalisten einen Artikel voll grammatischer Fehler mit dem Vermerk: „Ich schicke dir einen Artikel zur Veröffentlichung; setz du die Kommazeichen ein!" Der Journalist antwortete: „Nächstes Mal, lieber Freund, schicke du mir die Kommata, und ich verfasse dir den Artikel."

Dazu noch zwei Fragen:

1. Verwaltet der **cronista** das Archiv einer Zeitung?
2. Liest man in der **cronaca nera** die Todesanzeigen?

▶ **Lösung**

1. Nein. **Cronista** ist der Lokalreporter.
2. Nein. **Cronaca nera** ist die Berichterstattung über Verbrechen, Unfälle usw.

67 Kranke Fanatiker

Dass die Sportbegeisterung mancher Italiener eindeutig krankhafte Züge annimmt, kann man an jedem Wochenende im Fußballstadion beobachten. Die Italiener sind auch ehrlich genug, das zuzugeben. Denn der sportliche Fanatismus heißt genauso wie eine todbringende Krankheit. Wie?

▶ **Lösung**

il tifo der Typhus, die Sportbegeisterung
i tifosi die Typhuskranken oder auch die Sportfanatiker

! **Fare il tifo per qualcosa o qualcuno** heißt sich für jdn./etw. begeistern, jdn. anfeuern. Z.B.: **Per chi fai il tifo? Per la Juventus.** Wen feuerst du an? Juventus Turin.

68 Un cavaliere generoso

Il 11 novembre è il giorno di un santo particolare. Passò alla storia come il cavaliere che divise il suo mantello con un povero, che aveva freddo.
Come si chiama questo Santo?

69 Tre maschere

Le grandi città italiane hanno tutte creato una propria maschera, che rappresenta un certo tipo di carattere.
Originarie sono dell'epoca della poesia improvvisata[1]:
Commedia dell'arte.
Ecco qui le tre maschere piú famose. A quali città appartengono?

1. Arlecchino   **a)** Napoli
2. Colombina   **b)** Bergamo
3. Pulcinella   **c)** Venezia

[1] **poesia** f **improvvisata**   Stegreifdichtung

70 Abbreviazioni

Provate a decifrare[1] queste abbreviazioni!

1. pag.
2. sig.ra
3. Egr.
4. ecc.

[1] **decifrare**   entziffern

68 Ein großzügiger Ritter

Am 11. November ist der Tag eines bestimmten Heiligen. Als Reiter, der seinen Mantel mit einem frierenden Armen teilte, ging er in die Geschichte ein.
Wie heißt der Heilige?

▶ **Lösung**

San Martino   der heilige Martin

69 Drei Masken

Die großen italienischen Städte haben alle eine eigene Maske kreiert, die einem bestimmten Charakter zugeordnet wird.
Sie stammen noch aus der Zeit der Stegreifdichtung ***Commedia dell'arte***.
Hier die drei bekanntesten Masken. Zu welchen Städten gehören sie?

1. **Arlecchino**   a) Neapel
2. **Colombina**   b) Bergamo
3. **Pulcinella**   c) Venedig

▶ **Lösung**

1. b)   2. c)   3. a)

70 Abkürzungen

Versuchen Sie diese Abkürzungen zu entziffern!

▶ **Lösung**

1. **pagina**   Seite (S.)
2. **signora**   Frau *(im Brief;* Fr.)
3. **Egregio**   Sehr geehrter *(im Brief)*
4. **eccetera**   etcetera (etc.)

71 Città e abitanti

Come si chiamano gli abitanti di ...

1. Arezzo? _____

2. Catania? _____

3. Como? _____

4. Firenze? _____

72 Frasi a pezzi

Qui si sono mischiati i singoli elementi della frase. Ricostruite le frasi mettendo le parole al posto giusto!

1. è vissuto   Vivaldi   dal   Antonio   1743
1677   al

2. la sua   ha svolto   a Vienna   a   e
Venezia   attività

3. ci   38   teatrali   di   sono
opere   pervenute   Vivaldi   anche

4. Vienna   a   morí

71 Städte und Bewohner

Wie heißen die Bewohner von ...

1. Arezzo?
2. Catania?
3. Como?
4. Florenz?

▶ **Lösung**

    1. Aretini   Aretiner
    2. Catanesi   Cataneser
    3. Comaschi   Comasken
    4. Fiorentini   Florentiner

72 Satzfetzen

Hier sind die einzelnen Satzteile durcheinander geraten. Bauen Sie die Sätze wieder auf, indem Sie die Worte an die richtige Stelle setzen!

1. hat gelebt	Vivaldi	von	Antonio	1743
1677	bis			
2. seine	er hat ausgeübt	in Wien	in	und
Venedig	Tätigkeit			
3. uns	38	Theater-	von	sind
Werke	überliefert worden	Vivaldi	auch	
4. Wien	in		er starb	

▶ **Lösung**

    1. Antonio Vivaldi è vissuto dal 1677 al 1743.
        Antonio Vivaldi hat von 1677 bis 1743 gelebt.
    2. Ha svolto la sua attività a Venezia e a Vienna.
        Er hat seine Tätigkeit in Venedig und in Wien ausgeübt.
    3. Di Vivaldi ci sono pervenute anche 38 opere teatrali.
        Von Vivaldi sind uns auch 38 Theaterwerke überliefert worden.
    4. Morí a Vienna.
        Er starb in Wien.

73 Miracoli azzurri

Azzurro è il cielo, e azzurro è il mare in Italia. Gli Italiani amano questo colore – anche nella lingua.
Cosa significa ...

1. la squadra azzurra?
2. l'arma azzurra?
3. il principe azzurro?

74 Denaro

Con che moneta si paga in (negli) ...

1. Spagna?   _____

2. Germania?   _____

3. Olanda?   _____

4. Giappone?   _____

5. Stati uniti?   _____

6. Italia?   _____

7. Francia?   _____

8. Grecia?   _____

9. Danimarca?   _____

10. Portogallo?   _____

73 Blaue Wunder

Blau ist der Himmel, und blau ist das Meer in Italien. Die Italiener lieben diese Farbe – auch in der Sprache.
Was bedeuten …

1. die blaue Mannschaft?
2. die blaue Waffe?
3. der blaue Prinz?

▶ **Lösung**

1. **La squadra azzurra** ist die italienische Fußball-National-mannschaft.
2. **L'arma azzurra** ist die Luftwaffe.
3. **Il principe azzurro** ist der ideale Mann.

74 Geld

Mit welchem Geld zahlt man in (den) …

1. Spanien?
2. Deutschland?
3. Holland?
4. Japan?
5. Vereinigten Staaten?
6. Italien?
7. Frankreich?
8. Griechenland?
9. Dänemark?
10. Portugal?

▶ **Lösung**

1. **con pesete**	mit Peseten
2. **con marchi tedeschi**	mit Deutscher Mark
3. **con fiorini olandesi**	mit holländischen Gulden
4. **con yen**	mit Yen
5. **con dollari**	mit Dollar
6. **con lire**	mit Lire
7. **con franchi francesi**	mit Französischen Francs
8. **con dracme**	mit Drachmen
9. **con corone**	mit Dänischen Kronen
10. **con scudi**	mit Escudos

75 Per tecnici

Vediamo un po' quanto siete ferrati[1] in cose tecniche.
Cosa è ...

1. un aereo supersonico?
   a) ein Jumbo Jet
   b) ein Überschallflugzeug

2. un citofono?
   a) eine Sprechanlage
   b) ein Diktiergerät

3. un disco microsolco?
   a) eine Langspielplatte
   b) eine fliegende Untertasse

[1] **ferrato, -a**   kundig, beschlagen

76

Col martello sul ginocchio

Questo pittore e scultore è famoso soprattutto per i suoi affreschi
nella Cappella Sistina e il gigantesco Davide. Una statua
di Mosè gli riuscí cosí espressiva[1] che colpí con un martello la
figura sul ginocchio esclamando: „Perché non parli?"
Chi era?

[1] **espressivo, -a**   lebensnah

75 Für Techniker

Mal sehen, wie beschlagen Sie in technischen Dingen sind.
Was ist ...

1. un aereo supersonico?
   a) ein Jumbojet
   b) ein Überschallflugzeug

2. un citofono?
   a) eine Sprechanlage
   b) ein Diktiergerät

3. un disco microsolco?
   a) eine Langspielplatte
   b) eine fliegende Untertasse

▶ **Lösung**

   1. b)   2. a)   3. a)

76 Mit dem Hammer aufs Knie

Berühmt ist dieser Maler und Bildhauer vor allem durch seine
Fresken in der Sixtinischen Kapelle und das riesige David-
Standbild. Eine Statue des Moses schuf er so lebensnah, dass
er der Figur mit dem Hammer auf das Knie schlug und ausrief:
„Warum sprichst du nicht?"
Wer war es?

▶ **Lösung**

Michelangelo Buonarroti

77 Inno nazionale

Qui venite a sapere i fatti piú importanti dell'inno nazionale italiano. Trasformate il testo al passivo!

1. Goffredo Mameli ha scritto il testo dell'inno nazionale italiano.

_____

_____

2. Michele Novaro ha musicato l'inno nel 1847.

_____

3. Nel 1946 il governo italiano lo dichiara ufficialmente come inno nazionale.

_____

_____

78

Pierino, il volpone

Pierino e il suo fratello minore hanno in comune una slitta. La madre dice loro: „Dovete usarla a turno." – „Bene", dice Pierino. „Vieni Carluccio, io la uso in discesa e tu la puoi prendere per risalire."

Perché la maggior parte degli sportivi italiani che praticano lo sport della slitta parla tedesco?

77 Nationalhymne

Hier erfahren Sie die wichtigsten Fakten über die italienische Nationalhymne. Setzen Sie den Text ins Passiv!

1. **Goffredo Mameli** hat den Text der italienischen National-hymne geschrieben.
2. **Michele Novaro** hat die Hymne 1847 komponiert.
3. 1946 erklärt sie die italienische Regierung offiziell zur Nationalhymne.

▶ **Lösung**

1. **Il testo dell'inno nazionale italiano è stato scritto da Goffredo Mameli.**
2. **L'inno è stato musicato da Michele Novaro nel 1847.**
3. **Nel 1946 è stato dichiarato ufficialmente dal governo italiano come inno nazionale.**

Das Passiv wird durch **essere** + Partizip Perfekt gebildet. Die Präposition **da** steht für das deutsche *von* oder *durch*.
Z.B.: **canta – è cantato   ha cantato – è stato cantato**
Das Partizip Perfekt wird dem Subjekt angeglichen.
Z.B.: **Anna è lodata dal padre.** Anna wird vom Vater gelobt.

---

78 Pierino, der Schlauberger

Pierino und sein kleiner Bruder haben zusammen einen Schlitten. Sagt die Mutter: „Ihr müßt ihn abwechselnd benützen." – „Gut", sagt Pierino. „Komm, Carluccio, ich nehme ihn zum Hinunter-fahren, und du darfst ihn zum Hochfahren benutzen."

Warum sprechen übrigens die meisten italienischen Rodler deutsch?

▶ **Lösung**

Ganz einfach: Weil sie aus Südtirol kommen.

79 Il fumatore accanito¹

Questo noto compositore, nato il secolo scorso, era un accanito fumatore. In tutti i ritratti lo si vede con la sigaretta fra le labbre². E alla fine morí anche di cancro alla gola³. Una delle sue piú celebri opere era *La Bohème*.
Come si chiamava?

¹ **accanito, -a**   hartnäckig   ³ **cancro** *m* **alla gola**   Kehlkopfkrebs
² **labbre** *f/pl*   Lippen

80 Una decisione problematica

Per raggiungere la sommità¹ di questa opera architettonica situata in una città toscana, bisogna fare 294 gradini².
La costruzione fu iniziata nel 1173, tuttavia i lavori vennero interrotti fra poco a causa del cedimento del terreno³ e ripresi appena dopo un secolo. Una decisione problematica e rischiosa. Ha reso sí la città celebre nel mondo, ma l'ha lasciata pure nei pasticci⁴.
Come si chiamano la costruzione e la città?

¹ **sommità** *f*   Spitze   ³ **cedimento** *m* **del terreno**   Bodensenkung
² **gradino** *m*   Stufe   ⁴ **pasticci** *m/pl*   Unannehmlichkeiten

79 Der Kettenraucher

Dieser bekannte Komponist aus dem vergangenen Jahrhundert war ein Kettenraucher. Auf allen Abbildungen sieht man ihn mit Zigarette zwischen den Lippen. Er starb schließlich auch an Kehlkopfkrebs. Eine seiner berühmtesten Opern war *La Bohème*.
Wie hieß er?

▶ **Lösung**

Giacomo Puccini

80 Fragwürdige Entscheidung

Um an die Spitze dieses Bauwerks in einer toskanischen Stadt zu kommen, muß man 294 Stufen hinaufsteigen. 1173 hat man mit dem Bau begonnen, doch die Arbeiten wegen einer Senkung des Bodens bald unterbrochen und erst ein Jahrhundert später wieder aufgenommen. Eine fragwürdige und riskante Entscheidung. Sie hat die Stadt weltberühmt gemacht, aber heute hat sie die Bescherung.
Wie heißen das Bauwerk und die Stadt?

▶ **Lösung**

la torre pendente di Pisa   der Schiefe Turm von Pisa

81

Un pessimo ritratto

„Io non so se veramente Dio ci abbia fatto a similitudine sua;
questo altro so bene, che gli uomini hanno fatto Dio a simili-
tudine di loro, e lo hanno conciato pel dí delle feste."

Nella citazione di Francesco Domenico Guerrazzi
(1804–1873) si cela una professione oggi ancora viva. Quale?

82 Lazzaretto

La parola *lazzaretto* risale al patrono degli appestati[1] San
Lazzaro. Molti edifici costruiti per il ricovero di malati portano
il suo nome.
Indicate tre parole per tali istituzioni!

1. _____

2. _____

3. _____

[1] **appestato** *m* Pestkranker

81 Ein schlechtes Ebenbild

„Ich weiß nicht, ob Gott uns wirklich nach seinem Ebenbild geschaffen hat; aber das weiß ich wohl, dass die Menschen Gott nach ihrem Ebenbild geschaffen haben, und sie haben ihn übel zugerichtet."

In dem Zitat von **Francesco Domenico Guerrazzi** (1804–1873) verbirgt sich ein heute immer noch lebendiger Beruf. Welcher?

▶ **Lösung**

der Gerber **il conciatore** oder **il conciapelli**

! **conciare qd. pel dí delle feste** jdm. das Fell gerben
jdn. übel zurichten

82 Lazarett

Der Name Lazarett geht auf den Schutzheiligen der Pestkranken **San Lazzaro** (Lazarus) zurück. Viele Häuser, die zur Genesung der Kranken errichtet wurden, tragen seinen Namen.
Nennen Sie drei italienische Begriffe für solche Einrichtungen!

▶ **Lösung**

1. **ospedale**
2. **clinica** } Krankenhaus, Klinik
3. **nosocomio**

! Das Wort *Lazarett* heißt im Italienischen übrigens **ospedale militare** Militärkrankenhaus

83 Vittoria inutile

Nel 280 a.C. il re dell'Epiro sconfisse i Romani nell'odierna[1]
regione Basilicata. Il suo esercito subí però perdite cosí ingenti
che egli dovette stipulare la pace[2].
Come si chiama il re, il cui nome simboleggia tuttora una
vittoria con multe vittime?

[1] **odierno, -a**   heutig
[2] **stipulare la pace**   Frieden schließen

84 Un gigante tra giganti

Il Trentino-Alto Adige non è solo la regione che conta tra
i monti piú alti d'Italia; qui visse anche l'italiano piú grande.
Il gigante si chiamava Bernardo Gigli, era alto 2 metri e 60,
nacque a Bezzecca vicino al lago di Ledro nel 1725 e girò
per tutta l'Europa come attrazione da fiera.
Come si chiamava però quello che fu veramente il piú grande
figlio dell'Alto Adige e dov'è morto?

83 Vergeblicher Sieg

Im Jahre 280 v. Chr. schlug der König von Epirus die Römer in der heutigen Region Basilikata. Sein Heer erlitt dabei jedoch so gewaltige Verluste, daß er Frieden schließen mußte.
Wie hieß der König, dessen Name heute noch einen Sieg mit vielen Opfern symbolisiert?

▶ **Lösung**

Pirro Pyrrhus

84 Ein Riese unter Riesen

Trient-Südtirol hat nicht nur mit die höchsten italienischen Berge, hier lebte auch der größte Italiener. Der Riese hieß Bernardo Gigli; er maß 2,60 Meter, wurde 1725 in Bezzecca in der Nähe vom Ledrosee geboren und zog als Jahrmarktsensation durch ganz Europa.
Wie aber hieß der wirklich größte Sohn Südtirols, und wo ist er gestorben?

▶ **Lösung**

Andrea Hofer Andreas Hofer – er starb in Mantua.

Der Südtiroler Freiheitsheld organisierte verschiedene Widerstandskriege gegen die Besetzer aus Bayern und Frankreich. Er wurde schließlich von den Franzosen gefangen genommen und standrechtlich erschossen.

85 So che non so niente

Immaginatevi: vi trovate a Roma, in una zona a voi sconosciuta; vi hanno rubato il portafoglio con tutti i soldi, le carte di credito e il passaporto. Avete pure dimenticato il nome del vostro albergo. Viene un poliziotto e gli spiegate con tre diverse frasi la vostra situazione disperata.

Completate le seguenti locuzioni!

1. Non so a che santo

_____ .

2. Non so dove battere

_____ .

3. Non vedo una via

_____ .

86 Imprecazioni¹ in chiesa

Nel Duomo di Napoli, ogni anno, in maggio e in settembre si sentono pesanti imprecazioni. Con l'aiuto delle imprecazioni devrà accadere un miracolo: il sangue coagulato² di un santo, conservato in ampolle, si scioglie³.

Di quale santo è il sangue miracoloso?

¹ **imprecazione** f   Fluch
² **coagulato, -a**   eingetrocknet
³ **sciogliersi**   sich lösen, sich verflüssigen

85 Ich weiß, dass ich nichts weiß

Stellen Sie sich vor: Sie befinden sich in Rom in einer unbekannten Gegend, man hat Ihnen Ihre Brieftasche mit all Ihrem Geld, den Kreditkarten und dem Pass gestohlen. Den Namen Ihres Hotels haben Sie auch vergessen. Ein Polizist kommt, und Sie erklären ihm in drei verschiedenen Wendungen Ihre verzweifelte Situation.
Ergänzen Sie die folgenden Redewendungen!

▶ **Lösung**

1. **Non so a che santo <u>votarmi</u>.**
   Ich weiß mir keinen Rat.
   (wörtl.: Ich weiß nicht, welchen Heiligen ich anrufen soll.)
2. **Non so dove battere <u>il capo</u>.**
   Ich weiß weder ein noch aus.
   (wörtl.: Ich weiß nicht, wohin ich den Kopf schlagen soll.)
3. **Non vedo una via <u>d'uscita</u>.**
   Ich sehe keinen Ausweg.

86 Flüche in der Kirche

Im Dom von Neapel kann man jedes Jahr im Mai und im September kräftige Flüche hören. Mit Hilfe der Flüche soll ein Wunder geschehen: Das in Ampullen aufbewahrte, eingetrocknete Blut eines Heiligen verflüssigt sich.
Von welchem Heiligen stammt das wunderbare Blut?

▶ **Lösung**

di San Gennaro   vom heiligen Gennaro

87 Tutte le strade portano a Roma

Questo modo di dire vi è sicuramente noto. Perché si dice
cosí?
E potete nominare alcune strade che portano davvero a Roma?

88 Dicembre

„Natale con i tuoi, Pasqua con chi vuoi."
Natale è quindi anche in Italia la piú grande festa familiare.
Il 22 dicembre è inoltre il giorno piú breve dell'anno.
Come si chiama questo giorno?
Come si chiama il 24 dicembre?

87 Alle Wege führen nach Rom

Diese Redensart ist Ihnen sicher bekannt. Doch woher kommt sie?
Und können Sie einige Wege nennen, die tatsächlich nach Rom führen?

▶ Lösung

Dass alle Wege nach Rom führen, ist natürlich leicht übertrieben. Doch die alten Römer haben eine ganze Reihe von Straßen angelegt, die aus der Hauptstadt in alle Richtungen führen und – heute meist ausgebaut – immer noch in Gebrauch sind.
Beispiele dafür sind die **Via Appia Antica**, die **Salaria**, die **Aurelia**, die **Cassia** und viele mehr.

88 Dezember

„Weihnachten mit den Deinen, Ostern mit wem du willst."
Weihnachten ist also auch in Italien das höchste Familienfest.
Am 22. Dezember ist außerdem der kürzeste Tag des Jahres.
Wie heißt dieser Tag?
Wie heißt der 24. Dezember?

▶ Lösung

solstizio d'inverno　Wintersonnenwende
vigilia di Natale　Heiliger Abend

! **Vigilia** bedeutet im allgemeinen Vorabend, **vigilia di Natale** bezeichnet den Vorabend des Geburtstages (Jesu).

89

Molto strano

I turisti, in Italia, sono sempre *forestieri*.
Talvolta sono però anche *stranieri*. E in singoli
casi sono addirittura *estranei* o *strani*.
Qual'è la differenza?

89 Sehr fremd

Touristen in Italien sind immer **forestieri**. Manchmal sind sie aber auch **stranieri**. Und im Einzelfall sind sie sogar **estranei** oder **strani**.
Was ist der Unterschied?

▶ **Lösung**

Forestieri sind Fremde (solche, die dort, wo sie sich gerade befinden, nicht zu Hause sind).
Stranieri sind Ausländer.
Estranei oder **strani** sind Fremdartige (Seltsame, Merkwürdige).

90

Scacco matto!

Nel mese di giugno a Marostica in provincia di Vicenza si gioca
una partita a scacchi sul Campo del grande Castello con delle
pedine viventi. Questa è la piazza più importante del paese ed il
suolo consiste in una grande scacchiera.
Con questo gioco si ricordano due signori che nel 1454
si batterono, per l'amore della bella Leonora, invece che
a duello tramite una partita a scacchi.

91 **Baci sulle guance**

Segnate la risposta giusta.

	vero	falso
1. Al momento del saluto, gli uomini danno un bacio sulle guance solo alle donne.		
2. Ci si bacia anche quando si va via.		
3. Ci si bacia quando si viene presentati.		
4. Al momento del saluto ci si abbraccia.		

90 Schachmatt!

Im Monat Juni wird in Marostica, in der Provinz Vicenza, eine Partie Schach auf dem *Campo del grande Castello* mit Menschen als Figuren gespielt. Dieser *Campo* ist der wichtigste Platz des Dorfes, und sein Boden besteht aus einem riesigen Schachbrett.

Mit dem Spiel wird an zwei Herren erinnert, die im Jahre 1454 nicht im Duell, sondern mit einer Partie Schach um die Liebe der schönen Leonora kämpften.

91 Wangenküsse

Markieren Sie die richtigen Aussagen.	richtig	falsch
1. Bei der Begrüßung geben Männer nur Frauen einen Wangenkuss.		
2. Man küsst sich auch, wenn man sich verabschiedet.		
3. Man gibt auch Leuten einen Wangenkuss, die einem gerade vorgestellt werden.		
4. Bei der Begrüßung umarmt man sich.		

▶ **Lösung**

    1. vero   **2. vero**   **3. falso**   **4. falso**

Bei der Begrüßung geben sich Männer nur unter besonderen Umständen einen Wangenkuss (z.B. wenn sie miteinander verwandt sind), normalerweise geben sie sich nur die Hand. Frauen dürfen Männer und Frauen küssen (meistens zweimal). Wangenküsse gehören zur Tradition, während Umarmungen als zu intim betrachtet werden. Wenn man einander vorgestellt wird, küsst man sich normalerweise nicht (es genügt, sich die Hand zu schütteln). Ab der zweiten Begegnung kann man sich jedoch ruhig einen Wangenkuss geben.

92 Lunedì dell'Angelo

	vero	falso
1. Questo giorno si chiama anche *Pasquetta*.		
2. Piatti tipici che si mangiano a Pasqua sono:		
a) la torta pasqualina (sfoglia, spinaci, ricotta e uova)		
b) tacchino		
c) la colomba (dolce a forma di colomba, è simile al panettone, ma non ha uvetta ed è ricoperto di zucchero e mandorle)		
d) le uova di cioccolato con sorprese		

93 Un po' di storia

L'Italia è uno stato giovane. Infatti è nato solo nel 1861. Prima del 1861 la penisola italiana era divisa in diversi stati. A nord c'erano il Regno di Sardegna che comprendeva anche il Piemonte e il Regno Lombardo-Veneto, che dipendeva dall'Austria. Il sud e la Sicilia dipendevano dai Borboni di Francia. A sud il re e la sua corte vivevano a Napoli. Le differenze economiche e culturali fra le varie regioni divennero col passare del tempo sempre più grandi. Il nuovo stato unito non ha cancellato queste differenze.

92 Ostermontag

	richtig	falsch

1. Dieser Tag wird auch *Pasquetta* genannt.

2. Typische Gerichte, die man zu Ostern isst, sind:

   a) die Ostertorte (Blätterteig, Spinat, Ricotta und Eier)

   b) Truthahn

   c) die *colomba*: ein Kuchen in Taubenform, der dem Panettone ähnelt, im Unterschied zu diesem aber keine Rosinen enthält und mit Zucker und Mandeln garniert wird.

   d) Schokoladeneier mit Überraschungen

▶ **Lösung**

   1. vero

   2. a) vero

      b) falso, man isst **agnello**, Lamm

      c) vero

      d) vero

93 Ein bisschen Geschichte

Italien ist ein junger Staat. Er ist 1861 gegründet worden. Vor 1861 war die italienische Halbinsel in verschiedene Staaten geteilt. Im Norden lagen das Königreich Sardinien, zu dem auch Piemont gehörte, und das Lombardo-Venezianische Königreich, das zu Österreich gehörte. Der Süden und Sizilien gehörten zu Frankreich. Im Süden, in Neapel, lebten der König und sein Hofstaat. Die wirtschaftlichen und kulturellen Unterschiede zwischen den verschiedenen Regionen wurden im Laufe der Zeit immer größer. Der neue vereinigte Staat hat diese Unterschiede nicht aufgehoben.

94 A carnevale ...

Il motto di questa festa è:

a carnevale ogni scherzo vale.

Il Carnevale era il periodo compreso tra l'Epifania e la Quaresima e anticamente indicava il banchetto d'addio alla carne che veniva celebrato la sera prima del mercoledì delle ceneri, giorno con il quale ufficialmente cominciava il periodo in cui si doveva mangiare di magro. La parola, infatti, deriva dal latino, *carne levare*, togliere la carne.
Oggigiorno il Carnevale è semplicemente il periodo che precede la Quaresima e si festeggia intensamente l'ultima settimana, chiamata *grassa* ad indicare il tipo di nutrimento grasso (un dolce tipico di carnevale sono le chiacchiere – frittelle secche). Inoltre la *Settimana grassa* sta in contrasto con il periodo di Quaresima in cui la carne non è permessa. Il culmine dei festeggiamenti è *il martedì grasso.*

95 Le regioni d'Italia

Conoscete i nomi delle regioni d'Italia?

1. V_____	**11.** M_____
2. P_____	**12.** L_____
3. L_____	**13.** A_____
4. T_____	**14.** M_____
5. V_____	**15.** C_____
6. F_____	**16.** P_____
7. L_____	**17.** B_____
8. E_____	**18.** C_____
9. T_____	**19.** S_____
10. U_____	**20.** S_____

94 Im Fasching ...

Das Motto des Festes ist:

Im Fasching herrscht Narrenfreiheit

Fasching war die Zeit zwischen dem Dreikönigstag und der Fastenzeit und bedeutete damals „das Abschiedsbankett vom Fleisch", das man am Abend vor Aschermittwoch gefeiert hat, dem Tag, an dem offiziell die Zeit des fleischlosen Essens anfing. Das Wort stammt vom Lateinischen *carne levare*, d. h. Fleisch weglassen.

Heutzutage ist Fasching einfach die Zeit vor der Fastenzeit. Intensiv gefeiert wird nur in der letzten Woche. Diese wird **Settimana grassa** (Fettwoche) genannt, weil man in dieser Woche „fette" Gerichte isst (ein typisches Faschingsgebäck sind die **chiacchiere**, ein knuspriges Fettgebäck). Außerdem steht die „fette Woche" in Gegensatz zur Fastenzeit, in der Fleisch nicht erlaubt ist. Der **martedi grasso**, Faschingsdienstag, ist der Höhepunkt des Festes.

95 Die Regionen Italiens

Kennen Sie die Namen der Regionen Italiens?

▶ **Lösung**

1. Valle d'Aosta
2. Piemonte
3. Lombardia
4. Trentino-Alto Adige
5. Veneto
6. Friuli-Venezia Giulia
7. Liguria
8. Emilia-Romagna
9. Toscana
10. Umbria
11. Marche
12. Lazio
13. Abruzzo
14. Molise
15. Campania
16. Puglia
17. Basilicata
18. Calabria
19. Sicilia
20. Sardegna

96 La Befana

In questo giorno ...

	vero	falso
1. i bambini preparano delle grosse scarpe per i regali.		
2. ci si scambiano grandi regali.		
3. si festeggia l'inizio della scuola.		
4. la Befana porta il carbone ai bambini cattivi.		

97 Chi sono?

Ero un grande scienziato, un pittore e uno scrittore. Per leggere tutto quello che ho scritto bisogna usare uno specchio. Il mio quadro più famoso è *La Gioconda*: è il ritratto di una signora di Firenze, chiamata Lisa, (*monna* era a quel tempo un titolo di rispetto e cortesia per le donne). Gli Italiani definiscono questa donna *gioconda* a causa del suo enigmatico sorriso.

96   La Befana

An diesem Tag …	richtig	falsch
1. bereiten die Kinder ihre größten Schuhe für die Geschenke vor.		
2. tauscht man tolle Geschenke aus.		
3. feiert man den Schulbeginn nach den Weihnachtsferien.		
4. bringt **la Befana** bösen Kindern Kohle.		

► **Lösung**

1. falsch. Es werden große Socken vorbereitet.
2. falsch. An **la Befana** werden nur Kleinigkeiten geschenkt, z. B. Süßigkeiten.
3. falsch
4. richtig. Aber keine Panik, es ist nur Zuckerkohle!

La Befana ist eine Hexe, die am 6. Januar mit ihrem Besen kommt und die Kinder besucht. Sie bringt, wie der deutsche Nikolaus, braven Kindern Geschenke, „böse" Kinder bekommen Kohle.

97   Wer bin ich?

Ich war ein großer Wissenschaftler, Maler und Schriftsteller. Um zu lesen, was ich geschrieben habe, braucht man einen Spiegel. Mein bekanntestes Bild ist *La Gioconda* (Mona Lisa): Es ist das Porträt einer florentinischen Frau, mit dem Namen Lisa (*monna* war damals eine respektvolle und höfliche Anrede für Damen). Die Italiener nennen diese Frau *gioconda*, die Fröhliche, wegen ihres rätselhaften Lächelns.

► **Lösung**

Leonardo da Vinci, 1452–1519

98 Capitali d'Italia

Adesso che conoscete tutte le regioni d'Italia, sapete anche
i nomi dei rispettivi capoluoghi?

1. Valle d'Aosta:

2. Piemonte:

3. Lombardia:

4. Trentino-Alto Adige:

5. Veneto:

6. Friuli-Venezia Giulia:

7. Liguria:

8. Emilia-Romagna:

9. Toscana:

10. Umbria:

99 Festa della Liberazione

Tra il 19 e il 25 aprile 1945, grazie ad un'insurrezione
organizzata dai partigiani, vennero finalmente liberate dal
fascismo le città di Bologna, Genova, Torino e Milano e
con loro l'Itala settentrionale (il sud era già stato liberato qualche
mese prima dagli Alleati).
Il 25 Aprile è anche la data scelta per indicare la fine della
guerra in Italia (in realtà l'8 maggio 1945) anche perchè pochi
giorni dopo, il 28 Aprile 1945, i partigiani catturarono ed
uccisero Mussolini che cercava di scappare in Svizzera.
Questo giorno si commemora sempre con una manifestazione
importante in quasi tutte le grandi città d'Italia e questa data
è sentita molto di più che la Festa Nazionale della Repubblica
(la prima domenica dopo il 2 giugno). Oggi in tutta Italia
i negozi sono chiusi.

98   Hauptstädte Italiens

Nachdem Sie nun alle Regionen Italiens kennen, kennen Sie
auch die Namen der jeweiligen Hauptstädte?

► **Lösung**

1.	Valle d'Aosta:	**Aosta**
2.	Piemonte:	**Torino**
3.	Lombardia:	**Milano**
4.	Trentino-Alto Adige:	**Trento**
5.	Veneto:	**Venezia**
6.	Friuli-Venezia Giulia:	**Trieste**
7.	Liguria:	**Genova**
8.	Emilia-Romagna:	**Bologna**
9.	Toscana:	**Firenze**
10.	Umbria:	**Perugia**

99   Befreiungstag

Zwischen dem 19. und 25. April 1945 wurden, dank einem
von den Partisanen organisierten Aufstand, die Städte Bologna,
Genua, Turin und Mailand sowie ganz Norditalien endlich vom
Faschismus befreit (Süditalien war schon einige Monate davor
von den Alliierten befreit worden).
Der 25. April wird in Italien auch als das Ende des Krieges
gefeiert (was offiziell erst am 8. Mai 1945 der Fall war),
auch deswegen, weil einige Tage später, am 28. April 1945,
die Partisanen Mussolini festnahmen und umbrachten, als dieser
versuchte, in die Schweiz zu fliehen.
Zum Gedenken an diesen Tag wird alljährlich in fast jeder Groß-
stadt Italiens eine Demonstration veranstaltet. Der Befreiungstag
wird als viel wichtiger empfunden als der Nationalfeiertag der
Republik (der erste Sonntag nach dem 2. Juni). An diesem Tag
bleiben in ganz Italien die Geschäfte geschlossen.

100 Capitali d'Italia

Adesso che conoscete tutte le regioni d'Italia, sapete anche
i nomi dei rispettivi capoluoghi?

1. Marche: _____

2. Lazio: _____

3. Abruzzo: _____

4. Molise: _____

5. Campania: _____

6. Puglia: _____

7. Basilicata: _____

8. Calabria: _____

9. Sicilia: _____

10. Sardegna: _____

101 Le città d'Italia

Sono la città sull'acqua per eccellenza: pensate che sono
costruita su 118 isole separate da 160 canali e unite da 400
ponti. Certo questo a volte mi crea dei seri problemi, tanto che i
miei abitanti sono a volte costretti a girare con dei grossi stivali
di gomma, ma ciò fa parte del mio grande fascino. Mi chiamano
anche „Repubblica di S. Marco" in nome del mio santo protet-
tore o „la Serenissima". Sono la città di Tintoretto e Tiziano, ma
anche quella di una strana imbarcazione. Chi sono? E come si
chiama questa famosa imbarcazione?

100 Hauptstädte Italiens

Nachdem Sie nun alle Regionen Italiens kennen, kennen Sie auch die Namen der jeweiligen Hauptstädte?

▶ **Lösung**

1.	Marche:	Ancona
2.	Lazio:	Roma
3.	Abruzzo:	L'Aquila
4.	Molise:	Campobasso
5.	Campania:	Napoli
6.	Puglia:	Bari
7.	Basilicata:	Potenza
8.	Calabria:	Catanzaro
9.	Sicilia:	Palermo
10.	Sardegna:	Cagliari

101 Die Städte Italiens

Ich bin die Stadt des Wassers im wahrsten Sinne des Wortes: Stellen Sie sich vor, ich wurde über 118 Inseln gebaut, die durch 160 Kanäle getrennt und durch 400 Brücken miteinander verbunden sind. Klar, das ist für mich ab und zu ein Problem, meine Einwohner sind manchmal sogar gezwungen, dicke Gummistiefel zu tragen, aber das gehört zu meinem Zauber. Man nennt mich auch die „Republik des heiligen Markus", nach dem Namen meines Schutzheiligen, oder „die Serenissima". Ich bin die Stadt von Tintoretto und Tizian, aber auch die eines ungewöhnlichen Bootes. Wer bin ich? Und wie heißt dieses berühmte Boot?

▶ **Lösung**

Venezia Venedig
la gondola die Gondel

102 Chi sono?

Sono nato a Rimini e sono un regista famoso in tutto il mondo.
Sono stato sposato per tutta la vita a Giulietta Masina e uno dei
miei più grandi amici e collaboratori era Marcello Mastroianni.
I miei film più famosi sono stati: *8 e ½*, *Amarcord* e *La Strada*.

103 Quattro riviste italiane

Inserite le lettere giuste.

1. P__n__r__ma   a   e   i   o   u   a
2. L'E__p__e__so   s   p   r   t   m   s
3. O__gi   h   l   g   m   r   t
4. G__n__e   a   u   e   t   q   z

104 Quattro quotidiani italiani

1. È il quotidiano più venduto in Italia.
2. È il secondo quotidiano italiano.

3. È un quotidiano sportivo rosa.
4. È il quotidiano dell'ex partito
   comunista.

a) L'Unità
b) La Gazzetta dello
   Sport
c) La Repubblica
d) Il Corriere della
   Sera

102 Wer bin ich?

Ich bin in Rimini geboren und bin als Regisseur weltweit bekannt. Ich war mein ganzes Leben lang mit Giulietta Masina verheiratet, und einer meiner besten Freunde und Mitarbeiter war Marcello Mastroianni. Meine bekanntesten Filme sind: *8½*, *Amarcord* und *La Strada*.

▶ **Lösung**

Federico Fellini, 1920–1993 (Rom)

103 Vier italienische Zeitschriften

Setzen Sie die passenden Buchstaben ein.

▶ **Lösung**

1. **Panorama**
2. **L'Espresso**
3. **Oggi**
4. **Gente**

104 Vier italienische Tageszeitungen

1. Sie ist die in Italien meistverkaufte Zeitung.
2. Sie ist die zweitwichtigste Zeitung Italiens.
3. Sie ist eine rosa Sportzeitung.
4. Sie ist die Zeitung der ehemaligen Kommunistischen Partei.

a) L'Unità

b) La Gazzetta dello Sport

c) La Repubblica

d) Il Corriere della Sera

▶ **Lösung**

1. d)   2. c)   3. b)   4. a)

105 Citazione

Gli esami non finiscono mai.

Con questa frase, Eduardo de Filippo (1904–1984), importantissimo regista e attore di teatro, vuole dire ...

1. che bisogna andare a scuola tutta la vita.
2. che la vita è come la scuola e ci sono sempre prove da superare.
3. che ciascun esame è così angosciante che sembra durare eternamente.

106 Storia della pasta

Forse la pasta era già nota agli etruschi, ma in ogni caso si hanno notizie piú certe nel 1295, quando Marco Polo torna dalla Cina portando spaghetti e vermicelli. La pasta comunque non è un' invenzione italiana, oltre a essere conosciuta in Cina essa era ben nota anche agli Arabi. É proprio attraverso gli Arabi che la pasta entra nella cucina siciliana per poi diffondersi nel resto della penisola. Anche se le origini della pasta non si conosceranno mai con certezza, è a contatto con la creatività italiana che essa raggiunge la sua fama; per la varietà delle sue forme e per le infinite ricette la pasta può quindi essere considerata il piatto nazionale italiano.

105 Zitat

Prüfungen hören nie auf.

Mit diesem Satz meint Eduardo de Filippo (1904–1984), ein sehr bedeutender Regisseur und Theaterschauspieler, dass …

1. man das ganze Leben zur Schule gehen soll.
2. das Leben wie die Schule ist und es immer Prüfungen zu bestehen gibt.
3. jede Prüfung so viel Nerven kostet, dass man glaubt, sie ginge nie zu Ende.

▶ **Lösung**

   2.

106 Geschichte der Nudeln

Vielleicht war die Pasta ja schon den Etruskern bekannt, doch gibt es auf jeden Fall zuverlässigere Berichte über sie aus dem Jahre 1295, als Marco Polo aus China mit Spaghetti und Vermicelli beladen zurückkommt. Die Pasta ist auf keinen Fall eine italienische Entdeckung, außer in China war sie nämlich auch den Arabern bekannt. Gerade über die Araber kommt die Pasta in die sizilianische Küche und breitet sich von dort über die gesamte Halbinsel aus. Auch wenn die Ursprünge der Pasta nie mit Gewissheit bekannt sein werden, so erreicht sie ihren Ruhm durch die Berührung mit der italienischen Kreativität; wegen der Verschiedenheit ihrer Formen und der unendlich vielen Rezepte kann die Pasta als italienisches Nationalgericht gelten.

107 Chi sono?

Sono un'attrice molto famosa in tutto il mondo. Sono nata a Roma, ma sono napoletana. Vivo però in America. Non sono più tanto giovane, ma molti mi trovano sempre affascinante. Il film con cui sono diventata famosa è *La ciociara*; altri miei film conosciuti sono: *Divorzio all'italiana* e il più recente *Prêt à porter*, entrambi con Marcello Mastroianni.

108

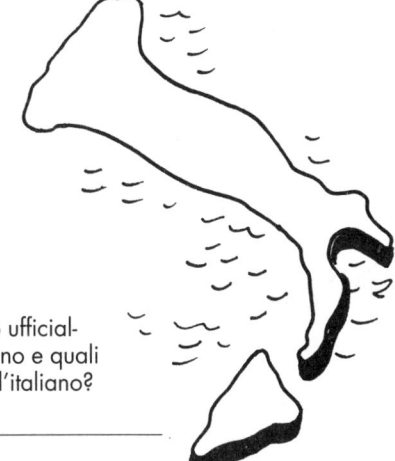

Il Bel Paese

Due regioni d'Italia sono ufficial-mente bilingue. Quali sono e quali lingue si parlano oltre all'italiano?

a) _____

b) _____

109 Chi sono?

Sono un semiotico molto bravo, ma il grande pubblico mi co-nosce per i miei romanzi. Sono bolognese, ma abito a Milano e ho una moglie tedesca. Il mio romanzo più famoso è *Il nome della rosa*.

107 Wer bin ich?

Ich bin eine in der ganzen Welt bekannte Schauspielerin.
Ich bin in Rom geboren, aber eigentlich bin ich Neapolitanerin.
Ich lebe aber in Amerika. Ich bin nicht mehr so jung, aber viele
Leute finden mich immer noch faszinierend. Der Film, mit dem
ich bekannt wurde, heißt *Und dennoch leben sie*; weitere
bekannte Filme sind: *Hochzeit auf Italienisch*, und *Prêt à porter*,
beide mit Marcello Mastroianni.

▶ **Lösung**

Sofia Loren, *1934

108 Das „Schöne Land"

Zwei Regionen Italiens sind offiziell zweisprachig. Welche
sind es und welche Sprachen außer Italienisch werden dort
gesprochen?

▶ **Lösung**

a) **Valle d'Aosta: francese** Aosta-Tal: Französisch
b) **Alto Adige: tedesco** Südtirol: Deutsch

109 Wer bin ich?

Ich bin ein sehr guter Semiotiker, aber das große Publikum kennt
mich durch meine Romane. Ich komme aus Bologna, wohne aber
in Mailand und habe eine deutsche Ehefrau. Mein bekanntester
Roman heißt *Der Name der Rose*.

▶ **Lösung**

Umberto Eco, *1932

110 Felice Anno Nuovo!

Quali sono le tradizioni tipiche della sera di San Silvestro?
Segnate la risposta giusta.

1. Ci sono dei piatti tipici:
   a) cotechino e lenticche.
   b) tacchino.
   c) ravioli.

2. Bisogna vestirsi in un certo modo:
   a) indossare della biancheria intima rossa.
   b) avere qualcosa di blu, di vecchio, di nuovo e di prestato.
   c) una camicia con le maniche lunghe.

3. A mezzanotte:
   a) si va a dormire.
   b) ci si bacia.
   c) si balla con il vicino di sinistra.

111 Cercate l'intruso!

Una di queste città non va bene in questo gruppo. Trovatela
e dite perchè.

Milano   Torino   Montepulciano
    Palermo   Napoli   Venezia

110 Frohes neues Jahr!

Welche Bräuche sind typisch für den Jahreswechsel?
Kreuzen Sie die richtige Antwort an.

1. Man isst typische Gerichte:
  a) Cotechino (Kochwurst und Schwarte) und Linsen
  b) Truthahn
  c) Ravioli

2. Man muss sich besonders anziehen:
  a) rote Unterwäsche tragen
  b) etwas Blaues, etwas Altes, etwas Neues und etwas
      Geliehenes
  c) ein Hemd mit langen Ärmeln

3. Um Mitternacht …
  a) geht man ins Bett.
  b) küsst man sich.
  c) tanzt man mit dem linken Nachbarn.

▶ **Lösung**

  1. a) Linsen symbolisieren Geld (je mehr Linsen man isst,
        desto mehr Geld wird man im nächsten Jahr haben).
  2. a) Sie bringt Glück für das neue Jahr.
  3. b)

111 Suchen Sie den „Eindringling"!

Eine dieser Städte passt nicht gut zu dieser Gruppe. Finden Sie
heraus, welche, und erklären Sie, warum.

▶ **Lösung**

Montepulciano

! Milano, Palermo, Torino, Napoli und Venezia sind Haupt-
    städte von Regionen, Montepulciano ist keine Hauptstadt.

112 Italo-Slang

„Pippo è fuori di testa!"
„Perché? Sputa l'osso!"
„Abbiamo conosciuto due ragazze micidiali e lui è rimasto tutto il tempo incollato al tavolo ad abbuffarsi e a sbevazzare!"
„Ma che tipo. Gli manca sicuramente una rotella!"

Che cosa ha fatto Pippo? E che cosa significa *gli manca una rotella*?

113 Citazione

La frase qui sotto è stata detta da Galileo Galilei.
Sapete dire quando?

Eppur si muove.

1. La prima volta che ha osservato lo spazio con il telescopio e ha intuito che la terra ruotava attorno al sole e non viceversa.
2. Parlando con dei suoi allievi all'università di Pisa.
3. Dopo la sua abiura (1632) a Roma, dove venne condannato dalla Chiesa la quale sosteneva invece che il sole ruotasse attorno alla terra. Galilei doveva rinnegare tutte le sue convinzioni.

112 Italo-Slang

„Pippo ist völlig daneben!"
„Warum? Raus damit!"
„Wir haben zwei geile Puppen kennen gelernt, und er ist die
ganze Zeit am Tisch kleben geblieben, hat sich den Bauch voll-
geschlagen und hat nur gesoffen!"
„Komischer Typ. Der hat bestimmt ein Rad ab!"

Was hat Pippo gemacht? Und was bedeutet *gli manca una
rotella?*

▶ **Lösung**

una rotella manca a qualcuno
= essere matto jd. ist übergeschnappt

113 Zitat

Der folgende Satz wurde von Galileo Galilei gesagt.
Wissen Sie wann?

Und sie bewegt sich doch.

1. Als er mit dem Teleskop das All betrachtete und dabei
erkannte, dass sich die Erde um die Sonne dreht und nicht
umgekehrt.
2. Vor seinen Studenten an der Universität von Pisa.
3. Nach seiner Abschwörung (1632), als er von der Kirche ver-
urteilt wurde. Die Kirche behauptete, dass sich die Sonne um
die Erde dreht und nicht umgekehrt. Galilei sollte alle seine
Überzeugungen widerrufen.

▶ **Lösung**

3. Das Wort **doch** (trotzdem dreht sich die Erde um
die Sonne) zeigt, dass er doch sicher war, dass seine
Beobachtung der Wahrheit entsprach.

114 Le maschere d'Italia: Pantalone

É una delle maschere piú importanti della „*Commedia dell'Arte*".
Rappresenta il vecchio ricco avaro, ma saggio. Si innamora
spesso di donne molto piú giovani di lui, con risultati inevita-
bilmente comici. Ha una barba grigia appuntita e un grosso
naso. Indossa un vestito rosso fuoco e un mantello nero.
Come le altre maschere porta una maschera nera sul viso.
È originario della città dei leoni. Qual è questa città?

115 Le Pulci d'Italia

Dove si trovano questi mercati delle pulci?

1. La fiera di Sinigallia
2. Il mercato del Balun
3. Porta Portese
4. Il mercato di Resina

a) a Napoli
b) a Roma
c) a Milano
d) a Torino

116 Chi sono?

Sono un potentissimo avvocato italiano e un senatore a vita,
ma la gente mi conosce, perchè sono proprietario della Fiat.

114 Die italienischen Masken: Pantalone

Es ist eine der wichtigsten Masken der *„Commedia dell'Arte"*.
Sie stellt den alten reichen Mann dar, der geizig, aber weise ist.
Er verliebt sich oft in Frauen, die viel jünger sind als er, mit
unvermeidlich lächerlichen Folgen. Er hat einen grauen Spitzbart
und eine große Nase. Er trägt ein feuerrotes Kostüm sowie
einen schwarzen Mantel. Wie die anderen Figuren hat er eine
schwarze Maske über dem Gesicht. Er kommt aus der Stadt
der Löwen. Welche Stadt ist das?

▶ **Lösung**

Venezia Venedig

115 Italiens Flöhe

Wo finden diese Flohmärkte statt?

1. Sinigallia-Jahrmarkt
2. Balun-Markt
3. Porta Portese
4. Resina-Markt

a) in Neapel
b) in Rom
c) in Mailand
d) in Turin

▶ **Lösung**

1. c) 2. d) 3. b) 4. a)

116 Wer bin ich?

Ich bin ein mächtiger italienischer Rechtsanwalt und Senator
auf Lebenszeit, aber die Leute kennen mich, weil ich der Besitzer
von FIAT bin.

▶ **Lösung**

Gianni Agnelli, *1921

117 Le città d'Italia

Anticamente ero una delle piú famose Repubbliche marinare, oggi sono il porto piú importante d'Italia. Il mare è sempre stato importante per me: pensate che il grande marinaio Cristoforo Colombo ha visto qui la luce. Certo la presenza del porto fa di me anche una città difficile, ma a parte questo ho tante cose belle da offrire. Il mio piatto tipico? Il pesto. Sicuramente avete capito chi sono.

118 Ad ogni città i suoi monumenti

Siete turisti attenti? Allora abbinate ogni monumento con la sua città.

1. il Pantheon	**a)**	Venezia
2. la Tomba di Galla Placidia	**b)**	Firenze
3. S. Maria Novella	**c)**	Napoli
4. il Palazzo Ducale	**d)**	Roma
5. il Maschio Angioino	**e)**	Ravenna

119 Italo-Slang

„Ragazzi che sballo! Ho sgraffignato le chiavi del bolide dei miei e ho rimorchiato un casino. Me la sono proprio spassata come un matto!"

Che linguaggio ... eppure così parlano i giovani oggi ... riuscite a capire che cosa ha fatto il ragazzo? Che cosa significa *sgraffignare*? E che cosa è un *bolide*?

117 Die Städte Italiens

Einst war ich eine der berühmtesten Seerepubliken, heute bin ich der größte Hafen Italiens. Das Meer war mir immer wichtig: Stellen Sie sich vor, der große Seefahrer Christoph Kolumbus hat hier das Licht der Welt erblickt. Sicherlich schafft die Anwesenheit des Hafens einige Probleme, aber trotzdem habe ich viele schöne Dinge anzubieten. Mein typisches Gericht? Pesto. Gewiss haben Sie verstanden, wer ich bin.

▶ **Lösung**

Genova Genua

118 Jeder Stadt ihre Denkmäler!

Sind Sie aufmerksame Touristen? Dann kombinieren Sie jedes Denkmal mit seiner Stadt.

▶ **Lösung**

1. d) 2. e) 3. b) 4. a) 5. c)

la tomba   das Grab
il Palazzo Ducale der Dogenpalast

119 Italo-Slang

„Jungs, es war spitze! Ich hab mir die Schlüssel vom Flitzer meiner Eltern geschnappt und jede Menge Weiber abgeschleppt. Ich hab wirklich eine Menge Spaß gehabt!"

Was für eine Sprache ... aber so sprechen die jungen Leute von heute nun einmal ... Haben Sie verstanden, was der Junge gemacht hat? Was bedeutet *sgraffignare*? Und was ist ein *bolide*?

▶ **Lösung**

sgraffignare = rubare klauen
il bolide = la macchina der Flitzer, das Auto

120 Pesce d'aprile!

Che cosa è vero?

1. Questo mese:
  a) era il secondo del calendario romano.
  b) è il mese in cui il tempo in Italia cambia più spesso.
  c) si mangia di magro.

2. *Pesce d'aprile* significa che:
  a) si mangia un pesce particolare.
  b) si dà un pesce a chi viene fatto uno scherzo.
  c) si esclama questa frase per svelare uno scherzo.

3. Il proverbio del mese è:
  a) Aprile mi fai morire.
  b) Aprile dolce dormire.
  c) Aprile non passa mai.

121 Chi l'ha detto?

Quale personaggio italiano ha affermato:

Un classico è un libro che non ha mai finito di dire quello che ha da dire.

1. Adriano Celentano, cantante (*1938)
2. Luciano Pavarotti, cantante lirico (*1935)
3. Italo Calvino, scrittore (1923–1985)

120 Aprilscherz!

Was stimmt?

1. Dieser Monat
   a) war der zweite Monat des römischen Kalenders.
   b) ist in Italien in Bezug auf das Wetter der wechselhafteste Monat.
   c) ist ein Monat, in dem man kein Fleisch essen darf.

2. *Pesce d'aprile* bedeutet, dass
   a) ein besonderer Fisch gegessen wird.
   b) man demjenigen einen Fisch schenkt, der Opfer eines Scherzes wurde.
   c) dieser Satz ausgerufen wird, um den Scherz zu verraten.

3. Der Spruch des Monats ist
   a) April, du lässt mich sterben.
   b) April, man schläft so süß.
   c) April, du dauerst zu lange.

▶ **Lösung**

   1. a)
   2. c)
   3. b) Mit der ersten Hitze kommt oft die Frühjahrsmüdigkeit, und man fühlt sich ständig müde.

121 Wer hat das gesagt?

Welche italienische Persönlichkeit hat behauptet:

Ein Klassiker ist ein Buch, das nie aufhört zu sagen, was es zu sagen hat.

1. Adriano Celentano, Sänger (*1938)
2. Luciano Pavarotti, Opernsänger (*1935)
3. Italo Calvino, Schriftsteller (1923–1985)

▶ **Lösung**

   Italo Calvino, in: *Warum Klassiker lesen.*

122 Chi sono?

Sono una cantante rock molto famosa in Italia e in Germania.
Sono di Siena, ho un fratello che corre con la Formula 1.
Mio padre fa uno dei panforti più famosi d'Italia. Alcune delle
mie canzoni più conosciute sono: *Latin Lover*, *Fotoromanzo*
e *Meravigliosa creatura*.

123 Le città d'Italia

Sono la città della „Scala", del Duomo e del convento nel
quale si trova una delle opere più importanti di Leonardo da
Vinci. Sono forse un po' vanitosa, ma si capisce, in fondo sono
la capitale della moda! Sono importantissima per l'economia
dell'intera penisola. Famoso è il mio risotto, ma anche un dolce
che si mangia a Natale. Avete capito chi sono? E come si
chiama questo famoso dolce natalizio?

124 Chi sono?

Sono nato a Firenze molti anni fa, ma sono morto a Ravenna,
perchè i miei concittadini mi hanno cacciato via. Ero poeta,
scrittore, uomo politico e sono diventato famoso perchè ho
scritto la *Divina Commedia*.

122 Wer bin ich?

Ich bin eine in Italien und in Deutschland sehr bekannte Rocksängerin. Ich komme aus Siena, und ich habe einen Bruder, der in der Formel 1 fährt. Mein Vater macht eines der bekanntesten Panforte in Italien. Einige meiner bekanntesten Lieder sind: *Latin Lover, Fotoromanzo* und *Meravigliosa creatura*.

▶ **Lösung**

Gianna Nannini, *1956

Das **Panforte** ist ein typisches Gebäck aus Siena.

123 Die Städte Italiens

Ich bin die Stadt der „Scala", des Doms und des Klosters, in dem sich eines der wichtigsten Werke Leonardo da Vincis befindet. Ich bin vielleicht etwas eitel, aber das ist klar, ich bin immerhin die Hauptstadt der Mode! Ich bin für die Wirtschaft der ganzen Halbinsel sehr wichtig. Berühmt ist mein Risotto, aber auch ein Kuchen, der zu Weihnachten gegessen wird. Haben Sie verstanden, wer ich bin? Und wie heißt der Weihnachtskuchen?

▶ **Lösung**

Milano   Mailand
il panettone   der „Panettone"

Im Dominikanerkloster neben der Kirche „Santa Maria delle Grazie" befindet sich da Vincis **„Cenacolo"** („Abendmahl").

124 Wer bin ich?

Ich wurde vor vielen Jahren in Florenz geboren, bin aber in Ravenna gestorben, weil mich meine Mitbürger verjagt hatten. Ich war Dichter, Schriftsteller, Politiker und bin berühmt geworden, weil ich *Die Göttliche Komödie* geschrieben habe.

▶ **Lösung**

Dante Alighieri, 1265–1321

125 Buon Natale!

1. Quando si aprono i regali in Italia?
  a) Il 24 pomeriggio.
  b) Il 24 sera.
  c) Il 25 mattina.

2. Quanto tempo si sta a tavola in questo giorno?
  a) Un paio d'ore.
  b) Tre o quattro ore.
  c) Sette o otto ore.

3. Qual è il dessert tipico di Natale (più di una riposta è giusta):
  a) ananas   **d)** torrone
  b) colomba   **e)** torta pasqualina
  c) frutta secca **f)** panettone

126

Superstizione

In Italia non è venerdì 13 il giorno più sfortunato, bensì venerdì 17. Al numero 13 infatti si associa l'idea di molti, molti soldi: è il numero fortunato del Totocalcio e, se si vince, sono miliardi (di lire)!

125 Frohe Weihnachten!

1. Wann findet in Italien die Bescherung statt?
a) Am 24. nachmittags.
b) Am 24. abends.
c) Am 25. morgens.

2. Wie viel Zeit verbringt man an diesem Tag beim Essen?
a) Zwei Stunden.
b) Drei bis vier Stunden.
c) Sieben bis acht Stunden.

3. Welches ist das typische Dessert (mehr als eine Antwort ist korrekt):
a) Ananas   **d)** *Torrone*
b) *Colomba*   **e)** Ostertorte
c) trockenes Obst **f)** *Panettone*

▶ **Lösung**

1. c) In manchen Familien werden die Geschenke gleich nach Mitternacht des 24. geöffnet, das heißt also immer am 25. in der Frühe!
2. b)
3. a) c) d) f) Die *Colomba* und die *Torta Pasqualina* sind typisch für Ostern.

126 Aberglaube

In Italien ist nicht Freitag der 13. ein Unglückstag, sondern Freitag der 17. Mit der Nummer 13 assoziiert man sehr viel Geld: Die 13 ist die Glückszahl im Fußballtoto und, wenn man gewinnt, geht es um Milliarden (Lire!).

127 La settimana

Sapete cosa si nasconde dietro ai giorni della settimana?

Lunedì: il giorno della luna
Martedì: dedicato al dio Marte, dio della guerra
Mercoledì: dedicato al dio Mercurio, protettore dei commercianti; giorno favorevole a ogni impresa
Giovedì: dedicato al dio Giove, padre di tutti gli dei
Venerdì: dedicato alla dea Venere, dea della bellezza e dell'amore
Sabato: dedicato al dio Saturno *(ingl. Saturday)*
Domenica: dedicato al Signore cristiano, *(lat. Dominus*, Signore)

128 Feste famose: il Palio

Questa festa ricorda un fatto successo nel 1597: un soldato sparò contro la statua della Madonna, la statua fu colpita, ma il fucile esplose e il soldato morì. Il Palio è un torneo, che si corre due volte all'anno, il 2 luglio e il 16 agosto. I quartieri, chiamati „contrade", sono 17, ma partecipano 10 alla volta, perché la piazza è troppo piccola. Il premio è un drappo di seta dipinto. I fantini cavalcano senza sella. Se uno di loro cade ma il cavallo continua la corsa da solo e vince, la corsa è valida. Conoscete il nome della città del Palio?

127 Die Woche

Wissen Sie, was sich hinter den Wochentagen versteckt?

Montag: Tag des Mondes
Dienstag: dem Gott Mars gewidmet, Gott des Krieges
Mittwoch: dem Gott Merkur gewidmet, dem Beschützer der Händler; günstiger Tag für den Handel
Donnerstag: dem Gott Zeus gewidmet, Vater aller anderen Götter
Freitag: der Göttin Venus gewidmet, Göttin der Schönheit und der Liebe
Samstag: dem Gott Saturn gewidmet (engl. *Saturday)*
Sonntag: dem christlichen Gott gewidmet, (von lat. *dominus,* Herr)

128 Berühmte Feste: der Palio

Dieses Fest erinnert an ein Ereignis aus dem Jahre 1597: Ein Soldat gab einen Schuss auf die Statue der Madonna ab; dabei wurde die Statue getroffen, aber das Gewehr explodierte, und der Soldat starb. Der Palio ist ein Turnier, das zweimal im Jahr stattfindet, am 2. Juli und am 16. August. Es gibt insgesamt 17 Stadtbezirke, die **Contrade** heißen, doch können nur 10 auf einmal teilnehmen, da der Platz zu klein ist. Der Preis besteht aus einem bemalten Seidentuch. Die Jockeys reiten ohne Sattel. Wenn einer von ihnen vom Pferd stürzt, sein Pferd aber weiterläuft und gewinnt, so ist der Lauf gültig. Kennen Sie den Namen der Stadt, wo der Palio stattfindet?

▶ **Lösung**

Siena

129 Le città d'Italia

Mi chiamano la „dotta" perché sono la sede di una delle più antiche università del mondo, la „turrita" per le mie numerose torri medievali e la „grassa" perché sono molto famosa per la mia cucina. Tra i miei piatti tipici ci sono i tortellini, le lasagne, le tagliatelle, ma soprattutto un famoso sugo al pomodoro che porta il mio nome. Chi sono? E come si chiama il famoso sugo?

130 Festa della donna

Un 8 marzo della prima metà del secolo scoppiò un incendio in una fabbrica americana e morirono moltissime operaie.
Per questo motivo è stata scelta questa data per commemorare le donne.
In questo giorno gli uomini regalano dei fiori alle donne.
Di quali fiori si tratta?

rose   mughetti   mimose   margherite   fiori d'arancio

131 Le città d'Italia

Molti mi chiamano la „culla del Rinascimento", infatti sono stata la città dei più grandi artisti rinascimentali e di Lorenzo il Magnifico. Il mio simbolo è un giglio, il mio fiume scorre sotto un ponte „vecchio"; venite a trovarmi, vi offrirò un buon bicchiere di vino rosso. Avete capito chi sono? E come si chiama il famoso vino rosso?

129 Die Städte Italiens

Die Leute nennen mich die „Gelehrte", weil ich der Sitz einer der ältesten Universitäten der Welt bin, die „Getürmte" wegen meiner zahlreichen mittelalterlichen Türme und die „Fette", weil ich für meine Küche sehr berühmt bin. Zu meinen Spezialitäten gehören Tortellini, Lasagne und Tagliatelle, aber vor allem eine bekannte Tomatensoße, die meinen Namen trägt. Wer bin ich? Und wie heißt die berühmte Soße?

▶ **Lösung**

Bologna	Bologna
il ragù alla bolognese	die Soße Bolognese

130 Tag der Frauen

An einem 8. März der ersten Hälfte dieses Jahrhunderts brach in einer amerikanischen Fabrik ein Brand aus, bei dem viele Handwerkerinnen starben. Aus diesem Grund wurde jener Tag zum Tag der Frauen ernannt.
An diesem Tag schenken die Männer den Frauen besondere Blumen. Welche?

Rosen   Maiglöckchen   Mimosen   Margeriten   Orangenblüten

▶ **Lösung**

mimose

131 Die Städte Italiens

Viele nennen mich die „Wiege der Renaissance", und in der Tat bin ich die Stadt der größten Künstler der Renaissance und von Lorenzo il Magnifico gewesen. Mein Wappen ist eine Lilie, und mein Fluss fließt unter einer „alten" Brücke hindurch. Kommen Sie mich besuchen, ich werde Ihnen ein Glas Rotwein anbieten. Haben Sie erraten, wer ich bin? Und wie heißt der berühmte Rotwein?

▶ **Lösung**

Firenze	Florenz	**il Chianti**	der Chianti

132 Le città d'Italia

Sono una vicina a Venezia, più piccola, ma ugualmente bella. Sono una città romantica, per le mie strade si sono incontrati gli amanti più famosi di tutta la letteratura mondiale: Giulietta e Romeo. Bellissima è anche la mia Arena, dove in estate si rappresentano famose opere liriche e il castello degli Scaligeri, i miei antichi signori. Sapete come mi chiamo?

133 Feste e tradizioni

In che città si festeggiano queste tradizioni?

1. il Palio
2. la regata storica
3. la fiera degli *Oh bej, oh bej!*
4. la partita a scacchi vivente

a) a Venezia
b) a Marostica (Vicenza)
c) a Siena
d) a Milano

132 Die Städte Italiens

Ich bin eine Nachbarin von Venedig, kleiner, aber genau so schön. Ich bin eine romantische Stadt, auf meinen Straßen hat sich das berühmteste Liebespaar der Weltliteratur getroffen: Romeo und Julia. Wunderschön ist auch meine Arena, wo im Sommer bekannte Opernstücke aufgeführt werden, und das Schloss der Scaligeri, meiner alten Herren. Wissen Sie, wie ich heiße?

▶ **Lösung**

Verona

133 Feste und Bräuche

In welchen Städten feiert man diese traditionellen Feste?

1. der Palio
2. die historische Regatta
3. der *Oh bej, oh bej* Jahrmarkt
4. die Partie Schach mit Menschen

a) in Venedig
b) in Marostica (Vicenza)
c) in Siena
d) in Mailand

▶ **Lösung**

1. c) Nur 10 der 17 Stadtviertel von Siena dürfen nach einem Losverfahren um die Wette rennen. Der Sieger gewinnt den **Palio,** ein Stück Seide, das er bis zum nächsten Rennen behalten muss.
2. a) Die Zeremonie wird seit 1247 zelebriert. Venedig wird symbolisch mit dem Meer verheiratet, damit dieses der Stadt Reichtum schenkt.
3. d) Das ist ein traditioneller, mailändischer Christkindlmarkt. Der Markt beginnt am 7. Dezember, dem Tag des Heiligen Ambrosius, des Schutzpatrons von Mailand, und dauert drei Tage.
4. b) Mit dem Spiel wird an zwei Herren erinnert, die im Jahre 1454 nicht im Duell, sondern mit einer Partie Schach um die Liebe der schönen Leonora kämpften.

Wissenswertes & Amüsantes

1 I mesi dell'anno

Trenta giorni ha novembre

con _____, _____ e _____,
di ventotto ce n'è uno,
tutti gli altri ne han trentuno.

Questo è il metodo con cui i bambini italiani imparano i nomi
dei mesi e quanti giorni hanno.
Completate i tre mesi mancanti, così che si mantenga la rima!

2 Tagliatelle al ragù (o alla Bolognese)

Ingredienti per 4 persone: 500 g di tagliatelle, 1 litro di pas-
sata o di pomodori pelati, 250 g di carne trita di manzo,
250 g di salsiccia, due carote, due gambe di sedano, una
cipolla, olio o burro, sale, parmigiano grattuggiato.

In una pentola preparate un soffritto di olio, cipolla, carote e
sedano tritati. Aggiungete la carne e la salsiccia e lasciate
insaporire per qualche minuto. Aggiungete i pomodori e fate
consumare a fuoco bassissimo (coprite con una retina la
pentola, perchè il sugo schizza molto durante la cottura): più
il ragù cuoce, più è buono (anche due o tre ore).
Quando il sugo è pronto, cuocete la pasta e conditela con
il ragù e parmigiano.

E cosa fanno gli Italiani la domenica dopo il pranzo?

1 Die Monate des Jahres

Dreißig Tage hat der November
mit ____, ____ und ____,
mit achtundzwanzig gibt es einen,
alle anderen haben davon einunddreißig.

Das ist die Methode, mit der die italienischen Kinder die
Namen der Monate und die Anzahl ihrer Tage lernen.
Ergänzen Sie die fehlenden drei Monate so, daß der Reim
erhalten bleibt!

▶ **Lösung**

aprile, giugno e settembre April, Juni und September

2 Tagliatelle mit Ragout (oder Bolognese)

Zutaten für 4 Personen: 500 g Tagliatelle, 1 Liter passierte
oder geschälte Tomaten, 250 g Rinderhackfleisch, 250 g Brat-
wurst, 2 Karotten, ein paar Selleriestangen, eine Zwiebel, Salz,
Olivenöl oder Butter, Parmesan.

In einem Topf braten Sie die gehackte Zwiebel, Karotten und
Sellerie mit Olivenöl oder Butter an. Geben Sie das Fleisch und
die Bratwurst (ohne Haut) hinzu und lassen Sie das Fleisch den
Geschmack des Gemüses annehmen. Nach einigen Minuten
fügen Sie die Tomaten hinzu und kochen die Soße auf kleinster
Flamme (bedecken Sie den Topf mit einem Netz, weil das
Ragout während des Kochens stark spritzt): Je länger das
Ragout kocht, desto besser wird es schmecken (lassen Sie es
ruhig 2 oder 3 Stunden kochen).
Wenn die Soße fertig ist, kochen Sie die Nudeln und servieren
Sie sie mit dem Ragout und dem Parmesan.

Und was machen die Italiener am Sonntag nach dem Essen?

▶ **Lösung**

Sie gehen nach Hause, weil die meisten Italiener sonntags
auswärts essen.

3 Gennaio

Tutto sperano gli Italiani da gennaio tranne il bel tempo.
„Guardati da un bel gennaio!" ammonisce un proverbio.
Si dice che in tal caso si guasti¹ tutto l'anno.
Allora meglio...

1. un freddo orso?
2. un freddo cane?
3. un freddo porco?

Che animale scomodano² gli Italiani per evidenziare³ il loro
rispetto per i gradi sotto zero?

¹ **guastarsi**   verderben
² **scomodare**   bemühen
³ **evidenziare** hervorheben, veranschaulichen

4

Regali

Gli Italiani fanno volentieri regali. Alcuni regali naturalmente
non fanno piacere.
Che cosa si regala nelle seguenti espressioni idiomatiche?

1. dare un cartone a qualcuno
2. dare una occhiata a qualcuno
3. dare un sacco di legnate a qualcuno

3 Januar

Alles, nur kein schönes Wetter erhoffen sich die Italiener vom
Januar. „Nimm dich in Acht vor einem schönen Januar!"
warnt ein Sprichwort. Angeblich ist ansonsten das ganze Jahr
verdorben.
Also dann schon lieber ...

1. eine Bärenkälte?
2. eine Hundekälte?
3. eine Saukälte?

Welches Tier bemühen die Italiener, um ihren Respekt vor den
Minusgraden zu veranschaulichen?

▶ **Lösung**

il cane   den Hund

Der muss allerdings auch für die Hitze herhalten. Denn die
Hundstage heißen auch im Italienischen **giorni canicolari**.

4 Geschenke

Die Italiener schenken gern. Manche Geschenke machen frei-
lich wenig Freude.
Was schenkt man bei folgenden Redewendungen?

▶ **Lösung**

1. dare un cartone a qualcuno	jemandem eine Ohrfeige *(wörtl.:* einen Karton) geben
2. dare una occhiata a qualcuno	jemandem einen Blick schenken
3. dare un sacco di legnate a qualcuno	jemandem eine Tracht *(wörtl.:* einen Sack) Prügel geben

5 Come si dice?

Qui la semplice soluzione per due piccoli problemi quotidiani.
Trovate le relative espressioni tedesche!

1. Come si chiede un favore (o piacere):
   Mi fai un favore/piacere?
   Posso chiederti un favore/piacere?
   Potresti farmi un favore/piacere?

2. Come si chiede la strada:
   Scusi, per via Italia, per piacere?
   Scusi, mi può dire dov'è via Italia?

6

Tanto di cappello!

Circa 140 anni fa un uomo aprì ad Alessandria una bottega
per cappelli. I cappelli che portano il suo nome divennero
famosi in tutto il mondo.
Come si chiamano signore e cappello?

5 Wie sagt man's?

Hier die einfache Lösung für zwei kleine Alltagsprobleme.
Finden Sie die entsprechenden deutschen Ausdrücke!

1. Wie man um einen Gefallen bittet:
Mi fai un favore/piacere?
Tust du mir einen Gefallen?
Posso chiederti un favore/piacere?
Darf ich dich um einen Gefallen bitten?
Potresti farmi un favore/piacere?
Könntest du mir einen Gefallen tun?

2. Wie man nach dem Weg fragt:
Scusi, per via Italia, per piacere?
Entschuldigen Sie, zur Italienstraße, bitte?
Scusi, mi può dire dov'è via Italia?
Entschuldigen Sie, können Sie mir sagen, wo die Italien-
straße ist?

6 Hut ab!

Vor rund 140 Jahren eröffnete ein Mann in Alessandria eine
Hutwerkstatt. Die Hüte, die seinen Namen tragen, wurden welt-
berühmt.
Wie heißen Herr und Hut?

▶ **Lösung**

Borsalino (Giuseppe)

7 Abbreviazioni

Vi intendete[1] di economia? Allora le seguenti abbreviazioni vi saranno sicuramente familiari.

1. S.P.A.
2. S.R.L.
3. P.N.L.

[1] **intendersi di**   sich auskennen in

8 Che regione è?

Si possono mangiare i trulli?
Le orecchiette sono piccole orecchie?
Aleatico è un calciatore?

Se conoscete le risposte, allora sapete anche di quale regione si sta parlando.

9 Indovinello

Se il bacino
fosse un piccolo bacio
il lago sarebbe un grande abbraccio.

Capite questo gioco di parole italiano?

7 Abkürzungen

Kennen Sie sich in der Wirtschaft aus? Dann sind Ihnen die folgenden Abkürzungen sicher vertraut.

▶ **Lösung**

1. **S.P.A.: Società per azioni**
   Aktiengesellschaft (AG)
2. **S.R.L.: Società a responsabilità limitata**
   Gesellschaft mit beschränkter Haftung (GmbH)
3. **P.N.L.: Prodotto nazionale lordo**
   Bruttosozialprodukt (BSP)

8 Um welche Region handelt es sich?

Kann man **trulli** essen?
Sind **orecchiette** kleine Ohren?
Ist **Aleatico** ein Fußballspieler?

Wenn Sie die Antworten kennen, dann wissen Sie auch, von welcher Region hier die Rede ist.

▶ **Lösung**

Puglia   Apulien

Trulli sind alte Kuppelbauten, **orecchiette** ohrförmige Nudeln und **Aleatico** ist ein Rotwein, den schon die Griechen kelterten, die Apulien, den Stiefelabsatz Italiens, kolonisierten.

9 Rätsel

Wenn das Becken
ein kleiner Kuss wäre,
dann wäre der See eine große Umarmung.

Verstehen Sie dieses italienische Wortspiel?

▶ **Lösung**

Il bacino heißt sowohl das Becken wie auch das Küsschen.

10 Qualcosa non va

Gli ingredienti citati Vi occorrono per fare un tiramisù. Ma uno non ci vuole. Quale?

savoiardi[1], caffè, zucchero, uova, mascarpone, liquore, farina, cacao

[1] **savoiardo** m   Löffelbiskuit

11 L'occhio

Conoscete le seguenti espressioni con la parola *occhio?*

1. le uova all'occhio di bue
2. Costa un occhio della testa.
3. Giovanni non ti vede di buon occhio.

12 Scioglilingua

Trentatre trentini entrarono in Trento tutti e trentatre trotterellando[1].

[1] **trotterellare**   trippeln

10 Etwas stimmt nicht

Die angegebenen Zutaten brauchen Sie zur Zubereitung einer **Tiramisù**. Aber eine gehört nicht hinein. Welche?

savoiardi	Löffelbiskuits
caffè	Kaffee
zucchero	Zucker
uova	Eier
mascarpone	Mascarpone, eine Art Quark
liquore	Likör
farina	Mehl
cacao	Kakao

▶ **Lösung**

la farina das Mehl

11 Das Auge

Kennen Sie die folgenden Ausdrücke mit dem Wort *Auge?*

1. **le uova all'occhio di bue** — die Spiegeleier
(wörtl.: die Eier à la Ochsenauge)

2. **Costa un occhio della testa.** — Es kostet einen Haufen Geld.
(wörtl.: Es kostet ein Auge des Kopfes.)

3. **Giovanni non ti vede di buon occhio.** — Giovanni hält nichts von dir.
(wörtl.: Giovanni sieht dich nicht mit einem guten Auge.)

12 Zungenbrecher

Dreiunddreißig Trientiner kamen nach Trient, alle dreiunddreißig trippelnd.

! Hier können Sie das rollende **R** üben. Mit der Zungenspitze leicht an die obere Zahnleiste anschlagen.

13 Cavalli multicolori

I cavalli, com'è noto, si possono distinguere dal colore del mantello.
Che colore ha quindi ...

1. un cavallo lionato?
2. un cavallo morello?
3. un cavallo bianco?
4. un cavallo pezzato?

14

Macabro

Un uomo cammina sulla strada sotto la pioggia. Una scala gli impedisce[1] il passaggio, e ci passa sotto. Un gatto nero gli attraversa la strada. Arrivato a casa, lascia in corridoio il suo ombrello aperto.
Quanto tempo ha ancora da vivere quest'uomo?

[1] **impedire** hindern

13 Bunte Pferde

Pferde kann man bekanntlich nach der Farbe ihres Fells unterscheiden.
Welche Farbe hat also ...

1. ein Falbe?
2. ein Rappe?
3. ein Schimmel?
4. ein Schecke?

▶ **Lösung**

1. giallo	gelb
2. nero	schwarz
3. bianco	weiß
4. bianco e altri colori	weiß und andere Farben

14 Makaber

Ein Mann geht im Regen auf der Straße. Eine Leiter steht ihm im Weg, und er geht unter ihr hindurch. Vor ihm läuft eine schwarze Katze über die Straße. Zu Hause angekommen, lässt er seinen Regenschirm aufgespannt im Flur stehen.
Wie lange hat dieser Mann noch zu leben?

▶ **Lösung**

Wenn man dem italienischen Aberglauben glauben darf, müsste ihn eigentlich auf der Stelle der Blitz treffen. Er geht unter einer Leiter hindurch, sieht eine schwarze Katze über die Straße laufen und läßt den Schirm offen im Haus stehen – alles Dinge, die nur Unglück bringen.

15

Per gli amici della geografia

Su quale fiume siedono gli Italiani?

16 Piatto tipico

Ecco una ricetta per un piatto di verdura tipico della regione Calabria e semplicissimo da preparare. Indovinate[1] di che verdura si tratta! Tra l'altro è molto amato anche in Ungheria.

_____ alla calabrese

Ingredienti per 4 persone: 4 grossi _____, circa 350 gr. di pomodori maturi, 100 gr. d'olio d'oliva, conserva di pomodoro e sale

Lavare e togliere i semi ai _____ e ai pomodori.

Tagliare a strisce i _____ e soffriggerli nell'olio.

Aggiungere i pomodori spezzettati[2] e un po' di conserva; salare e cuocere per circa mezz'ora.

[1] **indovinare** erraten
[2] **spezzettare** zerteilen, zerbrechen

15 Für die Geographiefreunde

Auf welchem Fluss sitzen die Italiener?

▶ **Lösung**

Na, auf dem **Po** natürlich.

Mit 676 km ist der Po der längste Fluss Italiens. Er entspringt in den Kottischen Alpen und mündet in einem Delta in der Adria.

16 Typisches Gericht

Hier ein Rezept für ein typisches Gemüsegericht aus der Region Kalabrien, das sehr einfach zuzubereiten ist. Erraten Sie, um welches Gemüse es sich handelt! Es ist übrigens auch in Ungarn sehr beliebt.

Peperoni alla calabrese
Paprikaschoten auf kalabrische Art

Zutaten für 4 Personen: 4 große Paprikaschoten, ca. 350 g reife Tomaten, 100 g Olivenöl, fertige Tomatensauce und Salz

Die Paprikaschoten und die Tomaten waschen und die Samen entfernen. Die Paprikaschoten in Streifen schneiden und in Öl anbraten. Die zerteilten Tomaten zugeben, und ein wenig Tomatensauce hinzufügen. Salzen und etwa eine halbe Stunde kochen lassen.

Beim Einkauf sollten Sie darauf achten, nicht versehentlich die kleineren **peperoncini** statt **peperoni** mitzunehmen. Zum einen würden Sie nicht satt werden, zum anderen sind **peperoncini** so scharf, dass Ihnen die Augen tränen.
Unser Tip: Die **peperoncini** in Öl einlegen und sparsam zum Würzen verwenden.

17 Un albero biblico

Questo albero è quasi un simbolo per il Mediterraneo. I suoi
dolci frutti sono però apprezzati – freschi o secchi – anche
nelle zone più nordiche. E le sue foglie furono utilizzate come
indumenti[1] già nel Vecchio Testamento.
Come si chiama l'albero?

[1] **indumento** m   Kleidungsstück

18 Fede cieca

Un celebre scienziato italiano non voleva assolutamente credere
a ciò che ai suoi tempi – nei secoli XVI e XVII – tutti credevano,
che cioè la terra stesse ferma come un soldatino di piombo[1].
Che cosa esclamò egli invece con caparbietà[2]?
E come si chiamava?

[1] **soldatino** m **di piombo**   Zinnsoldat
[2] **caparbietà** f   Trotz

19 Politico autoritario

„Il fine giustifica i mezzi". Questa frase viene attribuita a uno
studioso di scienze politiche fiorentino (1469–1527), divenuto
famoso per la sua opera *Il principe*. La dottrina che prende il
suo nome sta oggi per una politica autoritaria priva di scrupoli.
Come si chiama l'uomo?

17 Ein biblischer Baum

Dieser Baum ist fast schon ein Symbol für den Mittelmeerraum. Seine Früchte aber schätzt man – frisch oder getrocknet – auch in nördlicheren Breiten. Und seine Blätter fanden schon im Alten Testament als Kleidungsstücke Verwendung.
Wie heißt der Baum?

▶ **Lösung**

il fico der Feigenbaum

18 Blinder Glaube

Ein berühmter italienischer Naturforscher wollte partout nicht glauben, was zu seiner Zeit – im 16./17. Jahrhundert – alle glaubten, nämlich daß die Erde stillsteht wie ein Zinnsoldat. Was rief er statt dessen trotzig aus?
Und wie hieß er?

▶ **Lösung**

Eppur si muove! Und sie bewegt sich doch!
Galileo Galilei (1564–1642)

19 Machtpolitiker

„Der Zweck heiligt die Mittel." Dieser Satz wird einem Florentiner Politikwissenschaftler (1469–1527) zugeschrieben, der durch sein Werk **Il principe** Der Fürst berühmt wurde. Die nach ihm benannte Lehre steht heute für eine skrupellose Machtpolitik.
Wie heißt der Mann?

▶ **Lösung**

Niccolò Machiavelli

20 Barzelletta linguistica

Insegnante: Com'è il gerundio di avere?
Alunno: Avendo.
Insegnante: Ed ora un esempio con avendo.
Alunno: Ho una bicicletta vecchia. La tengo o la vendo?

21

Una regione – due lingue

In Alto Adige, com'è noto,
si parla tuttora tedesco,
e la maggior parte dei segnali
di località sono bilingui.

Riportate nei segnali
riprodotti i nomi tedeschi!

20 Sprachwitz

Lehrer: Wie ist das Gerundium von **avere** haben?
Schüler: **Avendo** habend.
Lehrer: Und nun einen Beispielsatz mit **avendo** habend.
Schüler: Ich habe ein altes Fahrrad. Behalte oder verkaufe ich es?

Avendo habend steckt auch in **la vendo** ich verkaufe es [das Fahrrad]

> Das Gerundium bildet man bei Verben auf **-are** durch An-
> hängen von **-ando** an den Wortstamm. Beispiel: **arriv-are –
> arriv-ando**.
> Bei Verben auf **-ere** oder **-ire** wird **-endo** angehängt.
> Beispiel: **sap-ere – sap-endo, fin-ire – fin-endo**.
> Ausnahmen: **bere – bevendo, dire – dicendo, fare – facendo**

21 Eine Region – zwei Sprachen

In Südtirol wird bekanntlich immer noch Deutsch gesprochen,
und die meisten Ortsschilder sind zweisprachig.
Tragen Sie die deutschen Namen in die abgebildeten
Schilder ein!

▶ **Lösung**

1.	**Vipiteno**	Sterzing
2.	**Brunico**	Bruneck
3.	**Bressanone**	Brixen
4.	**Dobbiaco**	Toblach
5.	**San Candido**	Innichen

22 Una parola, due significati

La soluzione dei due seguenti compiti sta in un'unica stessa parola. Quale?

1. 10 + 10 = _____

2. L'aliseo[1] e lo scirocco[2] sono due _____

[1] **l'aliseo**   der Passat
[2] **lo scirocco** der Schirokko

23 Scarpe al sole

Senza scarpe saremmo solo la metà di noi stessi. O addirittura ancora meno, come ce lo dice la lingua.
Cosa significano le seguenti espressioni idiomatiche?

1. morire con le scarpe ai piedi
2. mettere le scarpe al sole
3. non aver scarpe ai piedi

24 I giorni e gli dei

In italiano, quattro giorni della settimana ricordano divinità romane.
Indicate i giorni e le rispettive divinità!

1. _____   _____

2. _____   _____

3. _____   _____

4. _____   _____

22 Ein Wort, zwei Bedeutungen

Die Lösung der beiden nachstehenden Aufgaben besteht aus ein und demselben Wort. Aus welchem?

1. 10 + 10 = <u>zwanzig</u>
2. Der Passat und der Schirokko sind zwei <u>Winde</u>.

▶ **Lösung**

1. venti zwanzig
2. venti Winde

23 Schuhe in der Sonne

Ohne Schuhe wären wir nur halbe Menschen. Oder sogar noch weniger, wie uns die Sprache sagt.
Was bedeuten folgende Redewendungen?

1. morire con le scarpe ai piedi eines gewaltsamen Todes sterben *(wörtl.:* mit den Schuhen an den Füßen sterben)
2. mettere le scarpe al sole im Kampf fallen *(wörtl.:* die Schuhe in die Sonne stellen)
3. non aver scarpe ai piedi bettelarm sein *(wörtl.:* keine Schuhe an den Füßen haben)

24 Die Tage und die Götter

Im Italienischen erinnern vier Wochentage an römische Gottheiten. Nennen Sie die Tage und die dazugehörigen Götter!

▶ **Lösung**

1. martedì	Dienstag	**Marte**	Mars
2. mercoledì	Mittwoch	**Mercurio**	Merkur
3. giovedì	Donnerstag	**Giove**	Jupiter
4. venerdì	Freitag	**Venere**	Venus

25 Aprile

Aprile fa talvolta i capricci, eccome! I proverbi dicono:

„Aprile, ogni giorno un barile". (d'acqua)
„Aprile, tanto piange quanto ride".
„Per tutto aprile, non ti scoprire!"

1. Qual è il significato della parola *aprile?*
2. Che cosa è l'aprile della vita?

26

Desideri

Due innamorati di notte su una panchina di un parco.
Guardano in cielo. Lì sperano di scorgere qualcosa,
che faccia avverare[1] i loro desideri.
Cosa cercano in cielo? E in quale giorno?

[1] **fare avverare**   wahr werden lassen

25 April

Der April hat manchmal seine Launen, und wie! Die Sprich-
wörter sagen:

„April, jeden Tag ein Fass." (Wasser)
„April, er weint soviel wie er lacht."
„Während des ganzen Aprils entblöße dich nicht!"

1. Was bedeutet das Wort *April?*
2. Was ist der April des Lebens?

▶ **Lösung**

1. April kommt von dem lateinischen Verb *aperire*, öffnen.
Er öffnet die Natur zu neuem Leben.
2. la giovinezza die Jugendzeit

26 Wünsche

Zwei Verliebte nachts auf einer Parkbank. Sie schauen in den
Himmel. Dort hoffen sie etwas zu erblicken, das ihre Wünsche
wahr werden lässt.
Was suchen die beiden am Himmel? Und an welchem Tag?

▶ **Lösung**

stelle cadenti Sternschuppen

Angeblich muss man sie am Tag des heiligen Laurentius
(10. August) sehen, dann gehen die Wünsche, die man gerade
hat, in Erfüllung.
Man darf sie natürlich nicht laut sagen.

27 Ferro

La parola *ferro* ricorre in molti nomi propri italiani. Sapete di chi o di che cosa si tratta in merito ai seguenti tre nomi?

1. Ferrara
2. Ferrucci
3. Ferrari

28 La Festa del Liberatore a Venezia

Il 19 luglio Venezia festeggia la Festa del Liberatore. Le sue origini risalgono[1] ad un voto[2] cittadino dell'anno 1576. Qual era il motivo per il voto?

[1] **risalire a**   zurückgehen auf
[2] **voto** *m*   Gelübde

29 Sfortuna nel castello

L'incantevole visione del castello di Miramare, vicino a Trieste, ispirò a Giosuè Carducci una poesia in onore di

_____, il giovane Arciduca

austriaco, che fece costruire il castello, ma non poté vederlo

finito perché morí nel _____. Fu qui fucilato dagli

insorti[1] che non lo vollero come loro imperatore.

Come si chiamava il nobiluomo[2] e dove venne fucilato?

[1] **insorto** *m*   Aufständischer
[2] **nobiluomo** *m*   Adliger

27 Eisen

Ferro Eisen kommt in vielen italienischen Eigennamen vor. Wissen Sie, um wen oder um was es sich bei den folgenden drei Namen handelt?

▶ **Lösung**

1. **Ferrara**   Provinzhauptstadt der Region Emilia-Romagna
2. **Ferrucci**   Florentiner Führer im 16. Jahrhundert
3. **Ferrari**   italienische Automarke

28 Erlöserfest in Venedig

Am 19. Juli feiert Venedig das Erlöserfest. Sein Ursprung geht auf ein Gelübde der Stadt aus dem Jahre 1576 zurück. Was war der Anlass für das Gelübde?

▶ **Lösung**

Die Pest. Die Venezianer gelobten, eine Kirche zu errichten, wenn die Epidemie vorüberginge. Die Pest verschwand, und die Kirche wurde nach Entwürfen des berühmten Baumeisters **Andrea Palladio** gebaut.

29 Unglück im Schloss

Durch den bezaubernden Anblick des Schlosses Miramare in der Nähe von Triest ließ sich Giosuè Carducci zu einem Gedicht inspirieren. Er schrieb es zu Ehren von ____, dem jungen österreichischen Erzherzog, der das Schloss erbauen ließ, dessen Fertigstellung aber nie erleben durfte, weil er in ____ starb. Dort wurde er von Aufständischen erschossen, die ihn nicht als ihren Kaiser haben wollten. Wie hieß der Adelige, und wo wurde er erschossen?

▶ **Lösung**

Massimiliano d'Austria   Maximilian von Österreich
Messico   Mexiko

30 Curiosità italiane

Sapevate che ...

1. la serata in TV è suddivisa in „prima" (circa dalle 20.00 alle 22.30), „seconda" (circa dalle 22.30 alle 23.30) e „ultima" serata (circa dalla 23.30 alle 2.00)?

2. la stampa scandalistica[1] quasi non esiste?

3. un partito politico non deve raggiungere la soglia[2] del 5% per entrare in Parlamento?

[1] **stampa** f **scandalistica**   Boulevardpresse
[2] **soglia** f   Schwelle

31 Il pittore e l'imperatore

Un giorno l'imperatore stava posando per un ritratto, quand'ecco che al pittore cadde di mano il pennello[1]. Subito il sovrano si affrettò a raccoglierlo. „Oh maestà, non dovete disturbarvi[2]!" esclamò il pittore, confuso. E il sovrano: „Servire un grande artista come voi è per me un onore."
Chi è il pittore e come si chiama l'imperatore?

[1] **pennello** m   Pinsel   [2] **disturbarsi**   sich Umstände machen

30 Italienische Besonderheiten

Wussten Sie, dass ...

1. der italienische Fernsehabend in „erster" (ca. 20.00 bis 22.30 Uhr), „zweiter" (ca. 22.30 – 23.30 Uhr) und „letzter" Abend (ca. 23.30 – 2.00 Uhr) unterteilt ist?
2. es eine Boulevardpresse praktisch nicht gibt?
3. eine politische Partei die Schwelle von 5% nicht erreichen muss, um ins Parlament zu kommen?

> **!** **prima serata**: vorwiegend Unterhaltungsprogramme
> **seconda serata**: vorwiegend Berichte und Interviews
> **ultima serata**: Dokumentarfilme und manchmal Pornofilme.

31 Der Maler und der Kaiser

Eines Tages stand der Kaiser Modell für ein Porträt, als dem Maler der Pinsel aus der Hand fiel. Sogleich beeilte sich der Monarch, ihn aufzuheben. „Majestät, machen Sie sich keine Umstände!" rief der Maler verwirrt. Und der Kaiser: „Einem großen Künstler wie Euch zu dienen, ist für mich eine Ehre." Wer war der Maler, und wie hieß der Kaiser?

▶ **Lösung**

Tiziano Vecellio, genannt **Tizian**, und **Karl V.**

32 L'uovo di Colombo

Il navigatore genovese Cristoforo Colombo discuteva un giorno con alcuni scienziati[1] sulla possibilità di raggiungere le Indie seguendo una rotta occidentale. Essi però lo deridevano[2], per cui si decise a fare un esempio. Si fece portare un uovo. „Chi di voi è capace di farlo star sulla punta?" chiese. Ognuno disse che era impossibile. Colombo batté leggermente l'uovo con la punta sul tavolo facendolo stare in piedi. „Ma questo l'avremmo potuto fare anche noi!" dissero gli scienziati. „Già, ma dopo aver visto come ho fatto io", ribatté Colombo.

In che anno Colombo scoperse l'America?
Da quale altro navigatore italiano prese il nome il nuovo continente?

[1] **scienziato** *m*   Gelehrte
[2] **deridere**   belächeln

33 Zucca in agrodolce[1]

Qui un piatto della cucina semplice siciliana e napoletana.
La zucca si cucina come la carne.

Dosi per 6 persone: 1 kg e 1/2 di zucca gialla; 2 spicchi d'aglio[2]; 3 cucchiai di aceto, 3 cucchiai di zucchero; qualche foglia di menta; sale; olio.

Sbucciate[3] la zucca e tagliatela a fette di 1 cm. Friggete le fette, salatele e disponetele infine in un piatto. Lasciate cuocere per alcuni minuti l'olio avanzato insieme all'aceto ed allo zucchero e poi versatelo sulle fette della zucca. Guarnite il tutto con foglie di menta e l'aglio a pezzettini. Servite il piatto tiepido[4].

[1] **zucca** *f* **in agrodolce**   Kürbis süßsauer
[2] **spicco** *m* **d'aglio**   Knoblauchzehe
[3] **sbucciare**   schälen
[4] **tiepido, -a**   lauwarm

32 Das Ei des Kolumbus

Der Genueser Seefahrer Christoph Kolumbus diskutierte eines Tages mit Gelehrten über die Möglichkeit, Indien auf einer Westroute zu erreichen. Sie aber belächelten ihn, sodass er sich zu einem Beispiel entschloss. Er ließ sich ein Ei bringen. „Wer von Euch kann es auf die Spitze stellen?" fragte er. Jeder sagte, das sei unmöglich. Kolumbus schlug das Ei leicht mit der Spitze auf den Tisch und ließ es so stehen. „Das hätten wir auch gekonnt", sagten die Gelehrten. „Aber erst nachdem ihr gesehen habt, wie ich es gemacht habe", erwiderte Kolumbus.

In welchem Jahr entdeckte Kolumbus Amerika?
Nach welchem anderen italienischen Seefahrer wurde der neue Kontinent benannt?

▶ **Lösung**

1492
Amerigo Vespucci

33 Kürbis süßsauer

Hier ein Gericht der einfachen sizilianischen und neapolitanischen Küche. Den Kürbis bereitet man wie Fleisch zu.

Menge für 6 Personen: 1 1/2 kg gelben Kürbis; 2 Knoblauchzehen; 3 Esslöffel Essig; 3 Esslöffel Zucker; ein paar Minzeblätter; Salz; Öl.

Schälen Sie den Kürbis und schneiden Sie ihn in 1 cm dicke Scheiben. Braten Sie die Scheiben, salzen Sie sie, und legen Sie sie anschließend in einen Teller. Lassen Sie das übrig gebliebene Öl mit dem Essig und dem Zucker ein paar Minuten kochen und gießen Sie es dann über die Kürbisscheiben.
Das Ganze mit Minzeblättern und kleingeschnittenem Knoblauch garnieren und lauwarm servieren.

34 Sigle

Provate a decifrare le seguenti sigle!

1. O.N.U.
2. I.V.A.
3. FF.SS.

35 Due santi

Sant'Antonio di Padova (1195–1231) non viene proprio da Padova.
Dove nacque e come si chiama un altro grande santo italiano, suo contemporaneo?

36 Smemoratezza[1]

Una persona smemorata deve fare alcune strade due volte.
Per questo fatto spiacevole gli Italiani hanno un proverbio, che è simile al tedesco.
Come si dice?

[1] **smemoratezza** f   Vergesslichkeit

34 Abkürzungen

Versuchen Sie folgende Abkürzungen zu entziffern!

▶ **Lösung**

1. **O.N.U.:** **Organizzazione delle Nazioni Unite**
   Organisation der Vereinten Nationen (UNO)
2. **I.V.A.:** **Imposta sul valore aggiunto**
   Mehrwertsteuer (MWSt.)
3. **FF.SS.:** **Ferrovie dello Stato**
   (Italienische Staatsbahn)

35 Zwei Heilige

Der heilige Antonius von Padua (1195–1231) stammt gar nicht aus Padua.
Wo wurde er geboren, und wie heißt ein anderer großer italienischer Heiliger, der ein Zeitgenosse von ihm war?

▶ **Lösung**

Antonius wurde in Lissabon geboren.
Der Zeitgenosse von ihm war **San Francesco d'Assisi**, der heilige Franz von Assisi.

36 Vergesslichkeit

Ein vergesslicher Mensch muss manche Wege doppelt gehen.
Für diese bedauerliche Tatsache haben die Italiener ein Sprichwort, das es so ähnlich auch im Deutschen gibt.
Wie heißt es?

▶ **Lösung**

Chi non ha testa ha buone gambe.
Was man nicht im Kopf hat, muss man in den Beinen haben.
(wörtl.: Wer keinen Kopf hat, hat gute Beine.)

37 Maggio

Il maggio è in Italia tempo delle ciliegie e delle rose. Di una fanciulla[1] fiorente e bella si dice che è fresca come una rosa di maggio. I contadini si augurano che in questo tempo non piova e hanno voluto sottolineare questo loro desiderio con il detto: „Di maggio non dovrebbero orinare neppure i gatti". Ma che cosa significa il modo di dire: „Aspettare che venga maggio"?

[1] **fanciulla** f   Mädchen

38 Scioglilingua

Apelle figlio di Apollo
fece una palla di pelle di pollo.
Tutti i pesci vennero a galla[1]
per vedere la palla
fatta da Apelle
figlio di Apollo.

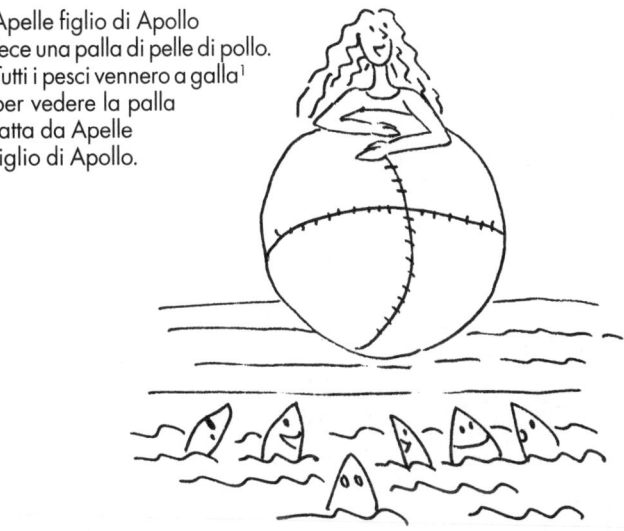

[1] **venire a galla**   auftauchen

37 Mai

Im Mai ist in Italien Kirschen- und Rosenzeit. Von einem blühend schönem Mädchen sagt man, sie sei frisch wie eine Rose im Mai. Die Bauern wünschen sich, dass es in dieser Zeit nicht regnet, und verliehen diesem Wunsch mit dem Spruch Nachdruck: „Im Mai sollten nicht einmal die Katzen pinkeln."
Was aber bedeutet die Redewendung „Warten, bis der Mai kommt"?

▶ **Lösung**

aspettare che venga maggio
auf besseres Wetter warten oder – im übertragenen Sinne – Zeit vertrödeln.

38 Zungenbrecher

Apelle, Sohn von Apoll,
machte einen Ball aus Hühnerhaut.
Alle Fische tauchten auf,
um zu sehen den Ball,
gemacht von Apelle,
dem Sohn von Apoll.

39 Rondini[1]

Si racconta che San Benedetto prevedesse il giorno della propria morte che fu, precisamente, il 21 marzo dell'anno 547, allorché la prima rondine tornava al suo nido[2] sui tetti di Montecassino.

Da allora si dice: Per San Benedetto la rondine è sotto il tetto (il detto simboleggia il risveglio della natura).

Ma perché sarebbe sbagliato in italiano il proverbio tedesco „Eine Schwalbe macht noch keinen Sommer"?

[1] **rondine** f   Schwalbe
[2] **nido** m   Nest

40

Ottobre

È il mese del celebre vino italiano. E qui gli Italiani non scherzano, perché ... „A chi non piace il vino, il Signore faccia mancar l'acqua".

1. Come si chiama la raccolta dell'uva?
2. Cosa s'intende per vino battezzato[1]?

[1] **battezzare**   taufen

39 Schwalben

Es wird erzählt, daß der heilige Benedikt den Tag seines eigenen Todes voraussagte, der tatsächlich am 21. März des Jahres 547 eintrat, als die erste Schwalbe zu ihrem Nest unter den Dächern von **Montecassino** zurückkehrte.
Seither sagt man: Am Benediktustag ist die Schwalbe unterm Dach (der Spruch versinnbildlicht das Wiedererwachen der Natur).
Warum aber wäre das deutsche Sprichwort „Eine Schwalbe macht noch keinen Sommer" im Italienischen falsch?

▶ **Lösung**

Die Italiener sagen: **Una rondine non fa *primavera*.**
Eine Schwalbe macht noch keinen *Frühling*.

40 Oktober

Er ist der Monat des berühmten italienischen Weins. Und mit dem lassen die Italiener nicht spaßen, denn … „Wem der Wein nicht schmeckt, dem soll der Herr auch das Wasser entziehen."

1. Wie heißt die Weinlese?
2. Was versteht man unter einem getauften Wein?

▶ **Lösung**

1. vendemmia
2. einen verwässerten Wein

41 Funerale[1] alla veneziana

A Venezia un povero va dal parroco e gli comunica la morte di sua moglie. „Come deve aver luogo il funerale?" chiede il parroco, „prima, seconda o terza classe?" „Io non ho soldi", dice l'uomo. „Allora terza classe!" risponde il prete. „E come si svolge?" s'informa l'uomo. „Cassa[2] e prete in gondola, e il corteo funebre[3] a nuoto."
E quali sono le due parole per *Friedhof* ?

[1] **funerale** *m*   Beerdigung
[2] **cassa** *f*   Sarg
[3] **corteo** *m* **funebre**   Trauergemeinde

42 Il santo e il vino

La provincia di Asti, in Piemonte, è nota per i suoi vigneti del Monferrato, per il suo spumante e per altri vini. Ma qui sono nati anche il più grande scrittore tragico italiano (1749–1803) e San Giovanni Bosco (1815–1888).

1. Quali sono i più famosi vini del Monferrato?
2. Come si chiama lo scrittore tragico astigiano?
3. Come si chiama l'ordine fondato da Giovanni Bosco?

41   Beerdigung auf Venezianisch

In Venedig kommt ein armer Mann zum Pfarrer und meldet ihm den Tod seiner Frau. „Wie soll die Beerdigung stattfinden?" fragt der Pfarrer, „erster, zweiter oder dritter Klasse?"
„Ich habe kein Geld", sagt der Mann. „Also dritter Klasse", antwortet der Priester. „Wie geht das denn vor sich?" erkundigt sich der Mann. „Sarg und Priester in der Gondel, und die Trauergemeinde schwimmt."
Und wie heißen die zwei Wörter für *Friedhof* ?

▶ **Lösung**

camposanto und **cimitero**

42   Der Heilige und der Wein

Die Provinz Asti in Piemont ist für ihre Weinberge des Monferrato, für ihren Spumante und andere Weinsorten berühmt. Doch wurden hier auch der größte italienische Tragöde (1749–1803) und der heilige Giovanni Bosco (1815–1888) geboren.

1. Welche sind die drei bekanntesten Weine des Monferrato?
2. Wie heißt der Tragödienschreiber aus Asti?
3. Wie heißt der von Giovanni Bosco gegründete Orden?

▶ **Lösung**

1. **Barbera   Grignolino d'Asti   Nebbiolo**
2. **Vittorio Alfieri**
3. **Congregazione dei Salesiani**
   Kongregation der Salesianer

43 Il pesto

Ecco gli ingredienti per preparare il pesto. Uno di questi però
non c'entra. Quale? E quale regione è la patria del pesto?

1. parmigiano   5. sale
2. olio d'oliva   6. basilico
3. peperoncini   7. aglio
4. pinoli   8. pecorino

44 I pensieri segreti di un marito

„Pensa un po'", racconta la signora Fringuelli a colazione,
leggendo il giornale, „qui scrivono che il nostro mediatore
matrimoniale è stato assassinato." – „E con ciò?", bofonchia[1]
il marito ancora mezzo addormentato, „io non posso venir
incolpato di nulla, ... ho un alibi!"

Per un qualche ovvio motivo, il tema gli fa venire in mente
il film *Divorzio all'italiana*. A proposito, come si chiamava
il protagonista?

[1] **bofonchiare** knurren

45 Scioglilingua

Quel che di notte il gelo gela,
di giorno il sole sgela[1].

[1] **sgelare** auftauen

43 Der Pesto

Hier die Zutaten zur Vorbereitung der Pesto-Soße. Eine davon gehört aber nicht hinein. Welche? Und welche Region ist die Heimat des Pesto?

1. Parmesan   **5.** Salz
2. Olivenöl   **6.** Basilikum
3. kleine Paprika **7.** Knoblauch
4. Pinienkerne   **8.** Pecorino (Schafskäse)

▶ **Lösung**

3. peperoncini kleine Paprika

Liguria Ligurien

44 Die geheimen Gedanken eines Ehemannes

„Stell dir vor", erzählt Frau Fringuelli am Frühstückstisch beim Zeitunglesen, „hier schreiben sie, dass unser Heiratsvermittler ermordet wurde." – „Na und?" knurrt der Mann noch im Halbschlaf, „mir kann man nichts anhängen, ich habe ein Alibi!"

Aus irgendeinem nahe liegenden Grund fällt ihm bei diesem Thema der Film *Scheidung auf Italienisch* ein. Wie hieß doch gleich der Hauptdarsteller?

▶ **Lösung**

Marcello Mastroianni

45 Zungenbrecher

Was in der Nacht der Frost gefriert,
taut die Sonne tagsüber auf.

! Hier können Sie das stimmhaft ausgesprochene **G** [*dsch*] üben. Die Zunge muß dabei am Gaumen vibrieren.

46 Superstizioni

Delle diverse manifestazioni della superstizione in Italia non se ne sa mai abbastanza.
Cosa succede a uno ...

1. che ride di venerdí? _____

2. che incontra una donna gobba¹? _____

3. a cui pizzica² il naso? _____

¹ **gobbo, -a**   bucklig
² **pizzicare**   kitzeln

47 Libri

Domande scherzose per il topo di biblioteca¹.

1. Si può leggere un libro chiuso?
2. Potrebbe uno spazzacamino² comparire in un libro nero?
3. Contro chi si rivolge un libro delle firme?

¹ **topo** m **di biblioteca**   Bücherwurm
        (wörtl.: Bibliotheksmaus)
² **spazzacamino** m   Kaminkehrer

46 Aberglaube

Über die verschiedenen Ausformungen des italienischen Aberglaubens kann man gar nicht genug wissen.
Was passiert also jemandem, ...

1. der am Freitag lacht?
2. der einer buckligen Frau begegnet?
3. dem die Nase kitzelt?

▶ **Lösung**

1. **piange di domenica**	er weint am Sonntag
2. **disgrazia**	Unglück
3. **gli vien voglia di litigare**	er hat Lust zu streiten

47 Bücher

Scherzfragen für den Bücherwurm.

1. Kann man in einem geschlossenen Buch lesen?
2. Könnte ein Kaminkehrer in einem schwarzen Buch vorkommen?
3. Gegen wen richtet sich ein Unterschriftenbuch?

▶ **Lösung**

1. Ja, wenn man die Siegel aufbricht. **Libro chiuso** ist in übertragenem Sinn ein Buch mit sieben Siegeln.
2. Das kommt darauf an, wie beliebt er bei seinen Kunden ist. **Libro nero** ist eine schwarze Liste.
3. Im Zweifelsfalle gegen den Gastgeber. **Libro delle firme** ist ein Gästebuch.

48

L'appetito vien mangiando

„Suo marito ha però un appetito invidiabile!", sorride la signora Nerina. La padrona di casa: „Macché, questo non è ancora niente. Dovrebbe vederlo quando siamo invitati!" E quali sono gli aggettivi di *fame* e *sete*?

_____ e _____

49 Proverbi

Cercate il seguito di questi proverbi!

1. Dimmi con chi vai   **a)** fa il monaco.
2. Tutto è bene   **b)** e ti dirò chi sei.
3. L'abito non   **c)** quel che finisce bene.

48 Der Appetit kommt beim Essen

„Ihr Gatte hat aber einen beneidenswerten Appetit", lächelt Frau Nerina. Die Gastgeberin: „Ach, das ist noch gar nichts. Da sollten Sie ihn erst sehen, wenn wir eingeladen sind!" Und wie heißen die Adjektive zu *Hunger* und *Durst?*

▶ **Lösung**

affamato hungrig und **assetato** durstig

49 Sprichwörter

Suchen Sie die Fortsetzung dieser Sprichwörter!

▶ **Lösung**

1. b) **Dimmi con chi vai e ti dirò chi sei.**
   Sag mir, mit wem du verkehrst, und ich sage dir, wer du bist.
2. c) **Tutto è bene quel che finisce bene.**
   Ende gut, alles gut.
   (wörtl.: Alles ist gut, was gut endet.)
3. a) **L'abito non fa il monaco.**
   Der Schein trügt.
   (wörtl.: Das Gewand macht keinen Mönch.)

50

Lento, lento

Come si chiama in tedesco questo proverbio che sta cosí bene con le lumache[1]?

[1] **lumaca** f   Schnecke

51 ## I dolci di Carnevale

Ecco una specialità italiana tipica per Carnevale.
Ingredienti per 6 persone: 300 gr. di farina bianca, 50 gr.
di zucchero, 2 uova, alcuni cucchiai di vino bianco secco,
30 gr. di burro, 20 gr. di strutto[1]
Mescolate la farina con lo zucchero, le uova, il burro, lo strutto
e il vino bianco. Poi impastate[2] a lungo l'impasto e stendetelo[3]
con il matterello[4] il piú sottile possibile. Tagliatelo in rombi con
bordi di circa dieci centimetri e decorateli con tre tagli paralleli.
Infine friggere e cospargere[5] di zucchero vanigliato.

Come si chiama questa specialità?

[1] **strutto** m   Schmalz   [4] **matterello** m   Nudelholz
[2] **impastere** kneten   [5] **cospargere**   bestreuen
[3] **stendere** auswalzen

50 Langsam, langsam

Wie heißt dieses Sprichwort, das so gut zu den Schnecken passt, auf Deutsch?

▶ **Lösung**

Eile mit Weile.
(wörtl.: Wer langsam geht, geht gesund und geht weit)

51 Süßes für den Karneval

Hier eine typische italienische Faschingsspezialität.
Zutaten für 6 Personen: 300 g weißes Mehl, 50 g Zucker, 2 Eier, ein paar Esslöffel trockenen Weißwein, 30 g Butter, 20 g Schmalz
Vermischen Sie das Mehl mit dem Zucker, den Eiern, der Butter, dem Schmalz und dem Weißwein. Dann kneten Sie den Teig lange und walzen ihn mit dem Nudelholz so dünn wie möglich aus. Schneiden Sie ihn in Rauten von etwa zehn Zentimeter Kantenlänge und verzieren Sie sie mit drei parallelen Schnitten. Anschließend ausbacken und mit Vanillezucker bestreuen.

Wie heißt diese Spezialität?

▶ **Lösung**

chiacchiere *wörtl.:* Schwätzchen

52 Fascismo

Il fascismo italiano prese il suo nome da un antico simbolo romano. Quale?

Dalla stessa famiglia di parole derivano anche i concetti di *fascicolo* e *fascina*. Qual è il loro significato?

53 Metallo liquido

Fra le province di Siena e di Grosseto sorge il Monte Amiata, che era in origine un vulcano. Nelle sue viscere[1] si trova l'unico metallo liquido, e l'Italia ne ha il primato[2] della produzione mondiale. Il suo nome viene da una divinità romana che ha dato anche il nome a un giorno della settimana. Come si chiamano il metallo e il giorno della settimana?

[1] **nelle sue viscere**   in seinem Inneren
[2] **primato** *m*   Vorrang, Rekord

54 Scioglilingua

Se oggi sereno non è,
domani sereno sarà;
se non sarà sereno,
si rasserenerà.

52 Faschismus

Der italienische Faschismus entlehnte seinen Namen von einem alten römischen Symbol. Von welchem?

Der gleichen Wortfamilie entstammen auch die Begriffe *fascicolo* und *fascina*. Was bedeuten sie?

▶ **Lösung**

Das Symbol des Faschismus waren die Liktorenbündel (lat.: *fasces*), die im alten Rom von Liktoren (Amtsdienern) getragen wurden. Daher kommen auch die Wörter **fascina** Reisigbündel und **fascicolo** Aktenbündel, Heft.

53 Flüssiges Metall

Zwischen den Provinzen Siena und Grosseto erhebt sich der frühere Vulkan **Monte Amiata**. In seinem Inneren findet man das einzige flüssige Metall, und Italien ist der führende Produzent davon in der Welt. Sein Name stammt von einem römischen Gott, nach dem auch ein Wochentag benannt ist. Wie heißen das Metall und der Wochentag?

▶ **Lösung**

mercurio   Quecksilber
mercoledì Mittwoch

54 Zungenbrecher

Wenn es heute nicht heiter ist,
wird es morgen heiter sein;
wenn es nicht heiter sein wird,
wird es aufheitern.

55

Indovinello in rima

Son piccina e rotondetta
son dolcina e son moretta,
son dei bimbi la cuccagna[1]
e mi chiamo la ...

La soluzione dell'indovinello
è il frutto duro di un albero.
Come si chiama?

[1] **cuccagna** f   Freude, gefundenes Fressen

56 **Macchine**

Le macchine italiane fanno accelerare[1] il battito del cuore[2] agli
uomini ed anche alle donne. Accanto alla FIAT ci sono tre
marche che sono diventate famose per la loro velocità e il loro
design. Quali? E cosa significa effettivamente FIAT?

[1] **accelerare**   beschleunigen
[2] **battito** m **del cuore**   Herzschlag

55 Rätsel im Reim

Ich bin klein und rundlich,
ich bin süßlich und brünett,
ich bin eine Freude für die Kinder
und ich heiße ...

Des Rätsels Lösung ist die harte Frucht eines Baumes.
Wie heißt sie?

▶ **Lösung**

la castagna   die Kastanie, die Marone

56 Autos

Autos aus Italien lassen Männer- und auch Frauenherzen höher
schlagen. Neben FIAT sind es vor allem drei Marken, die durch
ihre Rasanz und ihr Design berühmt geworden sind. Welche?
Und was bedeutet eigentlich FIAT?

▶ **Lösung**

1. **Ferrari**
2. **Lancia**
3. **Alfa Romeo**

FIAT ist die Abkürzung für **Fabbrica Italiana Automobili
di Torino**.

57 Febbraio

Per gli Italiani è il piú breve e il piú subdolo[1] mese dell'anno,
... e ce lo confermano anche tre proverbi:

„Febbraio corto e amaro".
„Febbraio corto, peggio d'un turco".
„Chi vuol ammazzar[2] la moglie, la meni[3] al sol di febbraio".

Che festa religiosa è il 2 febbraio?

[1] **subdolo, -a**   heimtückisch
[2] **ammazzare**   umbringen
[3] **menare**   führen

58 Bicicletta senza quattro

Pierino è triste. Gli hanno rubato la bicicletta. Dopo poco
tempo la polizia la ritrova e gliela riporta. Purtroppo mancano
quattro cose indispensabili. Quali?

_____   _____

_____   _____

57 Februar

Für die Italiener ist er der kürzeste und der heimtückischste
Monat des Jahres ... und das bestätigen uns auch drei
Sprichwörter:

„Februar, kurz und bitter."
„Kurzer Februar, schlimmer als ein Türke."
„Wer seine Frau umbringen will, muß sie in die Februarsonne
führen."

Welcher kirchliche Festtag ist am 2. Februar?

▶ **Lösung**

Madonna Candelora   Maria Lichtmess

58 Rad ohne vier

Pierino ist unglücklich. Man hat ihm sein Rad gestohlen.
Nach kurzem findet es die Polizei und bringt es ihm wieder
zurück. Leider fehlen vier unentbehrliche Dinge. Welche?

▶ **Lösung**

il manubrio   der Lenker
il sellino   der Sattel
i pedali   die Pedale
und – jawohl! – **l'aria nelle gomme** die Luft in den Reifen

59 Il calcio

Trovate per le espressioni seguenti del calcio sotto elencate
i corrispondenti in tedesco!

1. goal, rete _____

2. rimessa in campo _____

3. calcio di rigore _____

4. calcio di punizione _____

5. fuori gioco _____

6. fallo _____

7. calcio d'angolo, corner _____

60 Colori

1. essere in rosso
2. essere al verde
3. essere nero

Che cosa significano queste tre espressioni?

61 Spazi di tempo

Come si dice per uno spazio di tempo di ...

a)　　10 anni? _____

b)　　100 anni? _____ oppure _____

c)　　1000 anni? _____

59 Fußball

Finden Sie für folgende Fußballausdrücke die deutschen Entsprechungen!

1. goal, rete	Tor
2. rimessa in campo	Abstoß, Einwurf
3. calcio di rigore	Elfmeter
4. calcio di punizione	Freistoß
5. fuori gioco	Abseits
6. fallo	Foul
7. calcio d'angolo, corner	Eckball

60 Farben

1. im Roten sein
2. im Grünen sein
3. schwarz sein

Was bedeuten diese drei Ausdrücke?

▶ **Lösung**

1. essere in rosso	in den roten Zahlen sein
2. essere al verde	pleite sein
3. essere nero	wütend sein

61 Zeiträume

Wie nennt man einen Zeitraum von …

a)   10 Jahren?
b)   100 Jahren?
c) 1000 Jahren?

▶ **Lösung**

a) **decennio**	Jahrzehnt
b) **centenario** oder **secolo**	Jahrhundert
c) **millennio**	Jahrtausend

62 Aiutanti pratici

Chi sono?

1. Raffredda[1] le bevande ed i cibi.   _____

2. Lava i piatti ed i bicchieri.   _____

3. Lava i panni[2].   _____

4. Aspira la polvere.   _____

[1] **raffreddare** kühlen
[2] **panni** *m/pl* Wäsche

63

Denti guasti

„Hai anche tu problemi coi denti?" chiede un tarlo[1] all'altro.
Se i tarli abbiano effettivamente denti, tale questione lasciamola
in sospeso[2]. Conoscete però il nome dei vostri denti?
Allora correlateli nel modo giusto!

1. l'incisivo   **a)** der Backenzahn
2. il canino   **b)** der Schneidezahn
3. il molare   **c)** der Weisheitszahn
4. il dente del giudizio   **d)** der Eckzahn

[1] **tarlo** *m* Holzwurm   [2] **in sospeso** in der Schwebe

62 Praktische Helfer

Wer sind sie?

1. Er kühlt die Getränke und die Speisen.
2. Sie wäscht die Teller und die Gläser.
3. Sie wäscht die Wäsche.
4. Er saugt den Staub.

▶ **Lösung**

1. **il frigorifero**   der Kühlschrank
2. **la lavastoviglie** die Geschirrspülmaschine
3. **la lavatrice**   die Waschmaschine
4. **l'aspirapolvere**   der Staubsauger

63 Kaputte Zähne

„Hast du auch Probleme mit den Zähnen?" fragt ein Holzwurm
den anderen. Ob Holzwürmer tatsächlich Zähne haben,
sei dahingestellt. Kennen Sie aber Ihre Zähne beim Namen?
Dann ordnen Sie sie richtig zu!

▶ **Lösung**

1. b)   2. d)   3. a)   4. c)

64 Semplicemente bestiale

Attualmente in Italia tutto è *bestiale:* la politica, il tempo, il traffico, il calcio, le donne. Ma non si deve prendere troppo alla lettera[1] questa parola di moda. Non tutto è cosí bestiale come appare a prima vista.
Sostituite *bestiale* semplicemente con una parola „normale"!

1. La ragazza indossa un vestito bestiale   _____

2. Sull'autostrada c'era un traffico bestiale. _____

3. Ho una sete bestiale.   _____

4. La sua bellezza è bestiale.   _____

[1] **prendere alla lettera**   wörtlich nehmen

65 Siamo tutti fratelli

Un parroco si imbatte[1] in due ragazzetti che si picchiano di santa ragione[2]. „Non sapete che si devono amare i propri nemici?" chiede ammonendo[3]. „Ma questo non è il mio nemico", dice il maggiore dei due, „questo è mio fratello!"
A proposito di parroci:

1. Come si chiama l'ufficio del parroco? _____

2. Indicate un sinonimo di parroco!   _____

[1] **imbattersi in**	stoßen auf
[2] **picchiarsi di santa ragione**	sich gehörig verprügeln
[3] **ammonire**	mahnen

64 Einfach fürchterlich

Derzeit ist in Italien alles *bestiale* bestialisch: die Politik, das Wetter, der Verkehr, der Fußball, die Frauen. Dabei darf man dieses Modewort nicht zu wörtlich nehmen. Nicht alles ist so bestialisch, wie es auf den ersten Blick aussieht.
Ersetzen Sie *bestiale* einfach durch ein „normales" Wort!

1. Das Mädchen hat ein <u>wunderschönes</u> Kleid an.
2. Auf der Autobahn herrschte ein <u>wahnsinniger</u> Verkehr.
3. Ich habe einen <u>fürchterlichen</u> Durst.
4. Ihre Schönheit ist <u>bezaubernd</u>.

▶ **Lösung**

1. **bellissimo**
2. **pazzesco**
3. **terribile**
4. **incantevole**

65 Wir sind alle Brüder

Ein Pfarrer kommt dazu, wie sich zwei Buben gehörig verprügeln. „Wisst ihr, dass man seine Feinde lieben soll?" fragt er mahnend. „Das ist ja gar nicht mein Feind", sagt der größere der beiden, „das ist doch mein Bruder!"
Apropos Pfarrer:

1. Wie heißt das Pfarramt?
2. Nennen Sie ein Synonym für **parroco**!

▶ **Lösung**

1. **parrocchia**   Pfarramt, Pfarrei
2. **prete** oder **sacerdote**   Priester, Pfarrer

66 Bere

„Due dita di vino sono un calcio[1] al medico", dice un proverbio.
Che gli Italiani non permettano che si parli male del loro vino,
non è un segreto. La loro gioiosa[2] voglia di bere si manifesta
anche nella lingua.
Conoscete le tre espressioni idiomatiche?

1. Questa non me la dai a bere.
2. O bere o affogare.
3. Questa non la bevo.

[1] **calcio** *m*   Fußtritt
[2] **gioioso, -a**   freudig

67 Funghi

Con l'amore è come con i funghi: si sa solo in seguito
se erano commestibili[1] o velenosi[2].
E cosa sapete sui funghi? Quale dei tre elencati non
è commestibile?

1. porcino
2. ovolo malefico
3. prataiolo

[1] **commestibile**   essbar
[2] **velenoso, -a**   giftig

66 Trinken

„Zwei Finger Wein sind ein Fußtritt für den Arzt", sagt ein
Sprichwort. Daß die Italiener nichts auf ihren Wein kommen
lassen, ist kein Geheimnis. Ihre Trinkfreudigkeit drückt sich
auch in der Sprache aus.
Kennen Sie die drei Redewendungen?

1. **Questa non me la dai a bere.**
   Das kannst du mir nicht weismachen. *(wörtl.:* Das gibst du
   mir nicht zu trinken.)
2. **O bere o affogare.**
   Friss, Vogel, oder stirb! *(wörtl.:* Entweder trinken oder
   ertrinken.)
3. **Questa non la bevo.**
   Das nehme ich dir nicht ab. *(wörtl.:* Das trinke ich nicht.)

> Das weibliche Fürwort **la** bezieht sich bei den genannten
> Redewendungen auf eine unbestimmte Sache **cosa.**
> Es entspricht dem deutschen *es.*

67 Pilze

Mit der Liebe ist es wie mit Pilzen: Man weiß immer erst
hinterher, ob sie genießbar oder giftig waren.
Und was wissen Sie über Pilze? Welcher der drei genannten
ist nicht eßbar?

1. Steinpilz
2. Fliegenpilz
3. Champignon

▶ **Lösung**

   2. **l'ovolo malefico**   der Fliegenpilz

68 Parole incrociate

Orizzontali

1. la città del Vesuvio
3. brevi storie
5. aggetivo possessivo
7. il contrario di dentro

Verticali

1. negazione
2. parte delle stoviglie[1]
4. nome d'uomo
6. palpita[2] nei nostri petti

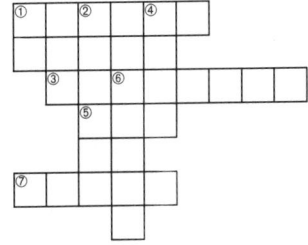

[1] **stoviglie** f/pl   Geschirr
[2] **palpitare**   schlagen

69 Alberi e frutti

Come si chiamano i frutti dei seguent i alberi?

1. l'arancio _____

2. il pero _____

3. il ciliegio _____

4. il castagno _____

5. il fico _____

68 Kreuzworträtsel

▶ **Lösung**

Waagerecht
1. Stadt am Vesuv	**Napoli**	Neapel
3. Kurzgeschichten	**racconti**	Erzählungen
5. Possessivpronomen	**tua**	deine
7. das Gegenteil von innen	**fuori**	außen

Senkrecht
1. Verneinung	**no**	nein
2. Teil des Geschirrs	**piatto**	Teller
4. Männername	**Luca**	Lukas
6. es schlägt in unserer Brust	**cuore**	Herz

69 Bäume und Früchte

Wie heißen die Früchte der folgenden Bäume?

1. der Orangenbaum
2. der Birnbaum
3. der Kirschbaum
4. der Kastanienbaum
5. der Feigenbaum

▶ **Lösung**

1. l'arancia	die Apfelsine
2. la pera	die Birne
3. la ciliegia	die Kirsche
4. la castagna	die Kastanie
5. il fico	die Feige

! Viermal war es ganz einfach: der Baum männlich, die Frucht weiblich. Nur der Feigenbaum hat in Italien auch männliche Früchte. **La fica** sollten Sie lieber im Wörterbuch nachschlagen; alles kann dieses Buch auch nicht ausplaudern.

70 Attenzione alla curva

Giudice[1]: „Come caspita ha fatto ad arrivare con la macchina in salotto?"
Imputato[2]: „Molto semplice. Quando sono arrivato in cucina, ho girato a sinistra".

Ed ora dite tre parti della macchina che mettete in funzione con il piede!

1. _____

2. _____

3. _____

E tre che mettete in funzione con la mano!

1. _____

2. _____

3. _____

[1] **giudice** *m*   Richter
[2] **imputato** *m*   Angeklagter

71 Luglio

Luglio è in Italia il mese che conta il maggior numero di giorni di sole. Due modi di dire[1] vi si riferiscono.
Conoscete il loro significato?

1. vendere il sole di luglio
2. farsi onore con il sole di luglio

[1] **modo** *m* **di dire**   Redensart

70 Vorsicht beim Abbiegen

Richter: „Wie haben Sie es nur geschafft, mit dem Auto ins Wohnzimmer zu gelangen?"
Angeklagter: „Ganz einfach. Als ich in der Küche angekommen bin, bin ich nach links abgebogen."

Und nun nennen Sie doch drei Teile im Auto, die Sie mit dem Fuß bedienen!

1. **l'acceleratore**   das Gaspedal
2. **la frizione**   die Kupplung
3. **il freno**   die Bremse

Und drei, die Sie mit der Hand bedienen!

1. **il volante**   das Steuerrad
2. **la freccia**   der Blinker
3. **il cambio**   die Schaltung

71 Juli

Der Juli ist in Italien der Monat mit den meisten Sonnentagen. Zwei Redensarten nehmen darauf Bezug.
Kennen Sie ihre Bedeutung?

▶ **Lösung**

1. **vendere il sole di luglio**
   etwas anpreisen, was es in Hülle und Fülle gibt
   (wörtl.: die Julisonne verkaufen)
2. **farsi onore con il sole di luglio**
   sich mit fremden Federn schmücken
   (wörtl.: sich mit der Julisonne ehren lassen)

72 Spaghetti pericolosi

Il turista ordina al ristorante „spaghetti al peste".
„Mah, non Le faranno male", dice il cameriere e ride.
Perché reagisce cosí stranamente?

73

La logica dell'asino

Un asino, con un carico di sale, traversò un fiume. Scivolò e cadde in acqua. Il sale si sciolse e l'asino si sentí piú leggero. Una seconda volta fece lo stesso con un carico di spugne[1].
Ma queste s'imbevvero[2] d'acqua e l'asino annegò[3].
Cosa significano le seguenti espressioni idiomatiche con la parola *asino*?

1. lavar la testa all'asino
2. un asino calzato e vestito

[1] **spugna** f   Schwamm
[2] **s'imbeversi**   sich vollsaugen
[3] **annegare**   ertrinken

72 Gefährliche Spaghetti

Der Tourist bestellt im Restaurant „**spaghetti al peste**".
„Na, die werden Ihnen nicht gut bekommen", sagt der Ober und lacht.
Warum reagiert er so seltsam?

▶ Lösung

Der Gast wollte natürlich **spaghetti al pesto**.
Pesto ist eine Kräutersauce, eine Genueser Spezialität,
peste aber bedeutet Pest.

73 Die Logik des Esels

Ein Esel überquerte mit einer Ladung Salz einen Fluss. Er rutschte aus und fiel ins Wasser. Das Salz löste sich auf, und der Esel fühlte sich erleichtert. Ein zweites Mal machte er das gleiche mit einer Ladung Schwämme. Doch diese sogen sich voll Wasser, und der Esel ertrank.
Was bedeuten die folgenden idiomatischen Wendungen mit dem Wort *Esel*?

1. einem Esel den Kopf waschen
2. ein Esel mit Schuhen und Anzug

▶ Lösung

1. lavare la testa all'asino   etwas Nutzloses machen
2. un asino calzato e vestito   ein ungebildeter, grober Mensch

74 Piantare

I giardinieri piantano tante cose, alberi e fiori per esempio.
Ma ...

1. che tipo di persona è uno che pianta carotte?
2. che cosa significa: piantare qualcuno in asso?
3. che cosa significa: piantala!?

75 Una giornata straordinaria

In fondo un giorno di festa cattolico è assurto[1] in Italia a giorno
di vacanza dell'anno per eccellenza. Una nazione intera fa
le vacanze il 15 agosto. Si va al mare o almeno a mangiare
fuori. Non di rado questo unico giorno diventa una breve
vacanza di due o tre giorni.
Come si chiama questo giorno e come si chiama la festa
ecclesiastica[2] che c'è dietro?

[1] **assurgere**   aufsteigen
[2] **festa** f **ecclesiastica**   Kirchenfest

74 Pflanzen

Gärtner pflanzen vieles, Bäume und Blumen zum Beispiel.
Aber ...

1. Was für ein Mensch ist einer, der Karotten pflanzt?
2. Was bedeutet: **piantare qualcuno in asso**?
3. Und was heißt **piantala!**?

▶ **Lösung**

   1. ein Lügner
   2. jemanden im Stich lassen
   3. hör auf!

75 Ein ganz besonderer Tag

Im Grunde ein katholischer Feiertag, ist er in Italien zum
Urlaubstag des Jahres aufgestiegen. Eine ganze Nation macht
am 15. August Ferien. Man fährt ans Meer oder geht zumindest
zum Essen aus. Nicht selten wird der eine Tag zu einem zwei-
oder dreitägigen Kurzurlaub erweitert.
Wie heißt dieser Tag, und wie heißt das Kirchenfest, das da-
hintersteht?

▶ **Lösung**

Ferragosto und **Assunzione**   Mariä Himmelfahrt
Ferragosto setzt sich zusammen aus **ferie** Urlaub und **agosto**
August.

76 Di che ha bisogno il pescatore?

Siete pescatore? No? Ma ugualmente saprete ciò che occorre
per pescare.

1. _____   3. _____

2. _____   4. _____

77 Il caval di San Francesco

San Francesco d'Assisi andava sempre a piedi; perciò si
dice in italiano *andare col caval di San Francesco* nel senso
di andare a piedi.
Cosa significa però ...

1. camminare sui trampoli?
2. camminare sulle uova?
3. camminare carponi?

76 Was braucht ein Fischer?

Sind Sie ein Fischer? Nein? Trotzdem werden Sie wissen, was man alles zum Fischen braucht.

▶ **Lösung**

1.	**un amo**	eine Angel
2.	**una rete**	ein Netz
3.	**un'esca**	einen Köder
	und	
4.	**molta pazienza**	viel Geduld

77 Das Pferd des heiligen Franziskus

Der heilige Franz von Assisi ging stets zu Fuß. Deswegen sagt man im Italienischen **andare col caval di San Francesco** *auf Franziskus' Pferd reiten*, im Sinne von zu Fuß gehen (im Deutschen: auf Schusters Rappen).
Was aber bedeutet …

1.	**camminare sui trampoli**	auf Stelzen gehen
2.	**camminare sulle uova**	(wie) auf Eiern gehen
3.	**camminare carponi**	auf allen vieren kriechen

78 Agosto

È il mese in cui tutta l'Italia va in vacanza, specialmente intorno al 15 agosto, festa dell'Assunta o Ferragosto, come viene chiamato il giorno ufficiale dell'ozio[1]. Ma tutti hanno paura della pioggia, perché: „La prima pioggia d'agosto fa fuggire

_____ e _____ ".

Quali piccoli insetti molesti fa fuggire la pioggia d'agosto?

[1] **ozio** *m* Muße

79 Rivali sulle rive del fiume

La parola italiana *rivale* – concorrente – viene dal latino e designa in origine un contadino che si è diviso con un altro contadino un ruscello (*rivus*). Poiché spesso sorgevano dispute, la parola ha assunto il significato attuale. Indicate almeno alcuni sinonimi di *rivale*!

78 August

Es ist der Monat, in dem ganz Italien Urlaub macht, besonders um den 15. August, Mariä Himmelfahrt oder Ferragosto, wie der offizielle Tag der Muße heißt. Aber alle haben Angst vor dem Regen, denn: „Der erste Augustregen schlägt sogar _____ und _____ in die Flucht."
Welche kleinen, lästigen Insekten vertreibt der Augustregen?

▶ **Lösung**

pulci e mosche   Flöhe und Fliegen

79 Rivalen am Flußufer

Das italienische Wort *rivale* – Nebenbuhler – kommt aus dem Lateinischen und bezeichnet ursprünglich einen Bauern, der sich mit einem anderen einen Bach *(rivus)* geteilt hat. Da es dabei oft zum Streit kam, hat das Wort die heutige Bedeutung angenommen.
Nennen Sie einige sinnverwandte Wörter für *rivale!*

▶ **Lösung**

1. **l'avversario**   der Gegner
2. **il contendente** der Gegner *(vor Gericht)*
3. **l'antagonista**   der Gegenspieler
4. **il nemico**   der Feind

80

Ogni quattro anni

Come si chiama un
anno di 366 giorni?

a) anno lungo
b) anno bisesto
c) anno bisestile

81 **Il numero del mese**

Nel nome italiano di quattro mesi si cela un numerale.
Come si chiamano i mesi e i numeri ad essi relativi?

1. _____   _____
2. _____   _____
3. _____   _____
4. _____   _____

80 Alle vier Jahre

Wie heißt ein Jahr mit 366 Tagen?

▶ **Lösung**

c) **anno bisestile**   Schaltjahr

81 Die Zahl des Monats

Im italienischen Namen von vier Monaten steckt eigentlich ein Zahlwort.
Wie heißen die Monate und die dazugehörigen Zahlen?

▶ **Lösung**

1. **settembre**	September	**sette**	sieben
2. **ottobre**	Oktober	**otto**	acht
3. **novembre**	November	**nove**	neun
4. **dicembre**	Dezember	**dieci**	zehn

Das monatliche Zahlenspiel geht auf die alten Römer zurück, deren Kalender mit dem März begann. Der September war also der siebte Monat, der Oktober der achte usw.

82

Settembre

„Di settembre, la notte al dí l'ora contende", dicono gli Italiani.
E precisamente il 23 settembre, in cui il giorno e la notte sono
uguali.
Come viene chiamato questo giorno?

83 Mangiare e bere

Si mangia per vivere o si vive per mangiare?
Ma lasciamo da parte la filosofia!
Come si chiama ...

1. ein Vielfraß?
   a) un mangiatore
   b) un mangione

2. ein Säufer?
   a) un beone
   b) un beato

3. ein Tagedieb?
   a) un mangiapatate a tradimento
   b) un mangiapane a tradimento

82 September

„Im September macht die Nacht dem Tag die Stunde streitig",
sagen die Italiener. Und zwar genau am 23. September, an
dem Tag und Nacht gleich lang sind.
Wie wird dieser Tag genannt?

▶ **Lösung**

equinozio d'autunno   Herbst-Tagundnachtgleiche

❗ **Giorno** ist der Tag (im Gegensatz zur Nacht),
  dì ist der ganze Tag (24 Stunden).

83 Essen und Trinken

Isst man, um zu leben, oder lebt man, um zu essen?
Doch Philosophie beiseite!
Wie heißt ...

1. ein Vielfraß?
  a) **un mangiatore**
  b) **un mangione**

2. ein Säufer?
  a) **un beone**
  b) **un beato**

3. ein Tagedieb?
  a) **un mangiapatate a tradimento**
  b) **un mangiapane a tradimento**

▶ **Lösung**

  1. b)   2. a)   3. b)

Il tradimento heißt der Verrat, **a tradimento** auf anderer
Leute Kosten

84

Superstizione

In Italia i superstiziosi credono che rifare il letto in tre porti
sfortuna: la persona più giovane morirà.

85 **Mamma!**

Chi sono i genitori di questi cuccioli? Abbinate i nomi delle due
colonne.

1. puledro   **a)** cervo
2. pulcino   **b)** pecora
3. cerbiatto **c)** cavallo
4. girini   **d)** rana
5. agnello   **e)** gallina

86 **Modo di dire**

Chi fa da sè, fa per tre.

84 Aberglaube

In Italien glauben abergläubische Menschen, dass die jüngste Person der Familie sterben wird, wenn man das Bett zu dritt macht.

85 Mama!

Wer sind die Eltern dieser Tierbabys? Verbinden Sie die Begriffe der beiden Spalten.

1. Fohlen		**a)** Hirsch
2. Küken		**b)** Schaf
3. Hirschkalb		**c)** Pferd
4. Kaulquappe		**d)** Frosch
5. Lamm		**e)** Henne

▶ **Lösung**

1. c) 2. e) 3. a) 4. d) 5. b)

86 Redensart

Selbst ist der Mann.
(wörtl.: Wer etwas alleine macht, macht es wie zu dritt.)

87 Un po' di latino ...

Nella lingua italiana sono ancora in uso delle parole latine –
anche se non sempre nel loro significato originario. Inseritele
nelle frasi.

> ex aequo   gratis
>   extra   rebus

1. Paolo e Gianni hanno vinto il primo premio _____.

2. Il concerto di domani sera è _____.

3. Questo testo è troppo difficile, è un vero _____ per
me.

4. Se volete la colazione in camera dovete pagare

un _____.

88

Superstizione

Si dice che essere 13 a tavola non sia un buon numero.
I superstiziosi italiani pensano che il padrone di casa morirà.
Nel caso che questa infelice situazione si verifichi, c'è una
soluzione per allungare di un poco la vita al povero ospitante:
lasciare una forchetta infilata nel pane per tutta la cena!

87 Ein bisschen Latein ...

In der italienischen Sprache werden noch einige Wörter aus dem Lateinischen verwendet – wenn auch nicht immer in ihrer ursprünglichen Bedeutung. Fügen Sie sie in die Sätze ein.

gemeinsam   Zuschlag   gratis   Rätsel

1. Paolo und Gianni haben <u>gemeinsam</u> den ersten Preis gewonnen.
2. Das Konzert von morgen Abend ist <u>gratis</u>.
3. Dieser Text ist zu schwierig, er ist wirklich ein <u>Rätsel</u> für mich.
4. Falls Sie im Zimmer frühstücken wollen, müssen Sie einen <u>Zuschlag</u> zahlen.

▶ **Lösung**

1. **ex aequo**   gleichzeitig, gemeinsam
2. **gratis**   gratis
3. **il rebus**   Rätsel
4. **l'extra**   Zuschlag

88 Aberglaube

Man sagt, dass es nicht gut ist, wenn sich 13 Personen zum Abendessen treffen. Abergläubische Menschen aus Italien denken, dass der Gastgeber sterben wird. Falls diese unglückliche Situation trotzdem zustande kommt, gibt es einen Ausweg, um das Leben des armen Gastgebers zu verlängern: Man lässt während des ganzen Abendessens eine Gabel im Brot stecken!

89

Come, scusi?!

Due amici si congedano e uno dice all'altro:
– In bocca al lupo!
Il secondo, sorridendo, risponde:
– Crepi!

Di che cosa stanno parlando?

90 **Modo di dire**

Né di Venere, né di Marte,
né si sposa, né si parte.

Si dice che di venerdì e di martedì non ci si debba né sposare
né partire. Secondo questa superstizione il martedì è il giorno
del dio della guerra (Marte) e sposarsi in questo giorno
porterebbe sfortuna agli sposi: la loro vita futura potrebbe
essere tesa.
Venerdì è il giorno della dea della bellezza (Venere): è molto
suscettibile e se questo giorno non le viene dedicato completa-
mente, a causa di un matrimonio per esempio, allora potrebbe,
per dispetto, portare sfortuna agli sposi.
Cose simili potrebbero succedere anche a chi vuole partire.

89 Wie bitte?!

Zwei Freunde verabschieden sich, und der eine sagt zum anderen:
– In den Schlund des Wolfes! *(wörtl.)*
Der zweite lächelt und antwortet:
– Auf dass er sterbe! *(wörtl.)*

Wovon reden sie?

▶ Lösung

Der eine wünscht dem anderen viel Glück.

! Der Ausdruck **In bocca al lupo** entspricht dem deutschen Ausdruck *Ich drück dir die Daumen.* Um das gewünschte Glück nicht aufs Spiel zu setzen, darf man auf gar keinen Fall **Grazie** antworten. Die richtige Antwort ist **Crepi**!

90 Redensart

Weder freitags noch dienstags
sollte man heiraten oder abreisen.

Eine alte Redensart besagt, dass man freitags und dienstags weder heiraten noch abreisen soll. Nach diesem Aberglauben ist der Dienstag der Tag des Kriegsgottes Mars, und an diesem Tag zu heiraten, könnte den Brautleuten Unglück bringen: ihr zukünftiges Leben könnte voller Spannungen sein.
Freitag ist der Tag der Göttin der Schönheit (Venus). Sie ist sehr empfindlich, und wenn der Tag nicht ganz ihr gewidmet wird, z. B. aufgrund einer Hochzeit, dann könnte sie aus Trotz dem Brautpaar Unglück bringen.
Ähnliches soll für Leute gelten, die abreisen möchten.

91

Animali e sentimenti

In italiano è possibile definire l'atteggiamento di una persona confrontandola con un animale. Provate ad abbinare le due colonne:

1. burbero come ...
2. stupido come ...
3. velenoso come un ...
4. fiero come un ...
5. testardo come ...

a) un' oca giuliva
b) un leone
c) un mulo
d) un orso
e) un serpente

92 Modo di dire

Sposa bagnata, sposa fortunata.

Il giorno delle nozze ci si augura (tra le altre cose!) che il tempo sia bello. Naturalmente può succedere che piova. Il detto è proprio pensato per consolare le spose, tristi per la pioggia al giorno delle nozze. Con questo si vuole dire: non è grave se piove, perchè una sposa bagnata è sicuramente una sposa fortunata (al contrario, una sposa col bel tempo non lo è particolarmente!); sarebbe quasi meglio che piovesse sempre il giorno del matrimonio.

91 Tiere und Gefühle

Im Italienischen ist es möglich, Charaktereigenschaften eines Menschen zu definieren, indem man ihn mit einem Tier vergleicht. Versuchen Sie, die zwei Spalten miteinander zu verbinden:

1. mürrisch wie ...   **a)** eine Gans
2. dumm wie ...   **b)** ein Löwe
3. giftig wie ...   **c)** ein Maultier
4. stolz wie ...   **d)** ein Bär
5. dickköpfig wie ...   **e)** eine Schlange

▶ **Lösung**

   1. d)   2. a)   3. e)   4. b)   5. c)

92 Redensart

Nasse Braut, glückliche Braut.

Am Tag der Hochzeit wünscht man sich (unter anderem!), dass das Wetter sehr schön ist. Natürlich kann es passieren, dass es regnet. Dieser Spruch soll die traurige Braut trösten, falls es am Tag ihrer Hochzeit regnet. Damit möchte man sagen: Es ist nicht schlimm, wenn es regnet, weil eine nasse Braut sicherlich eine glückliche Braut ist (eine Braut bei schönem Wetter ist vielleicht nicht besonders glücklich!); es ist also fast besser, wenn es am Tag der Hochzeit regnet!

93 Modo di dire

Meglio un uovo oggi che una gallina domani.

94 Quando Ponzio Pilato ...

Quali delle espressioni seguenti corrisponde al disegno?
Come direste voi in tedesco? E cosa significano le altre?

1. stare con le mani in mano

_____

2. dare una mano a qualcuno

_____

3. lavarsene le mani

_____

4. avere le mani bucate

_____

5. avere le mani lunghe

_____

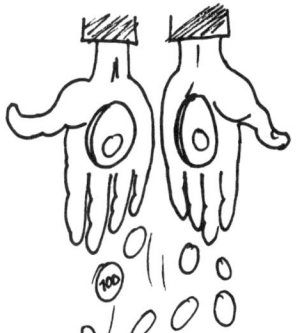

95 Che puzza!

Ci sono degli affettati tra i formaggi. Li riconoscete?

Ricotta	Robiola
Mozzarella	Caprino
Ungherese	Culatello
Fontina	Gorgonzola
Taleggio	Crescenza
Coppa	Pecorino

93 Redensart

Lieber den Spatz in der Hand als die Taube auf dem Dach.
(wörtl.: Besser heute ein Ei als morgen eine Henne.)

94 Als Pontius Pilatus ...

Welcher dieser Ausdrücke entspricht dem Bild? Wie würden Sie auf Deutsch sagen? Und was bedeuten die anderen?

1. Daumen drehen *(wörtl.:* Hand in Hand sein)
2. jemandem helfen *(wörtl.:* jdm. eine Hand geben)
3. seine Hände in Unschuld waschen *(wörtl.:* sich die Hände davon waschen)
4. das Geld zum Fenster hinauswerfen *(wörtl.:* gelöcherte Hände haben)
5. lange Finger machen *(wörtl.:* lange Hände haben)

▶ **Lösung**

    4. avere le mani bucate   das Geld zum Fenster hinauswerfen

95 Hier stinkt es!

Unter den Käsesorten sind ein paar Wurstwaren versteckt. Erkennen Sie welche?

▶ **Lösung**

    1. Ungherese Salami
    2. Coppa   *Wurstsorte*
    3. Culatello   *Wurstsorte*

96 Grazie mille!

Come si può rispondere quando qualcuno ci ringrazia?
Segnate con una croce se si risponde così o no.

	sì	no
1. Prego.		
2. Non c'è di che.		
3. Non c'è problema.		
4. Non c'è bisogno di ringraziare.		
5. S'immagini.		
6. Figurati.		

97

Superstizione

I superstiziosi credono che regalare un coltello significhi cercare
la lite. Per questo motivo, la persona che riceve il regalo deve
dare una monetina alla persona che glielo dà: simbolicamente
paga il coltello e non c'è stato nessun regalo.

96 Vielen Dank!

Wie kann man antworten, wenn sich jemand bei uns bedankt?
Kreuzen Sie an, ob man so antwortet oder nicht.

1. Bitte.
2. Nichts zu danken.
3. Kein Problem.
4. Man braucht sich nicht zu bedanken.
5. Keine Ursache. *(wörtl.:* Stellen Sie sich vor.)
6. Keine Ursache. *(wörtl.:* Stell dir vor.)

▶ **Lösung**

	ja	nein
1. Prego.	x	
2. Non c'è di che.	x	
3. Non c'è problema.		x
4. Non c'è bisogno di ringraziare.		x
5. S'immagini.	x	
6. Figurati.	x	

Beachten Sie, dass „**S'immagini**" nur in formaler Rede
verwendet wird. Dementsprechend würde es merkwürdig
wirken, wenn Sie davon eine „Du"-Form bilden.

97 Aberglaube

Abergläubische Menschen glauben, dass ein Messer zu ver-
schenken Streit zu suchen bedeutet. Deswegen gibt die Person,
die das Messer bekommt, demjenigen, der das Messer schenkt,
eine Münze. Dies symbolisiert, dass das Messer bezahlt wurde
und nicht mehr als Geschenk zu betrachten ist.

98

Per ridere un po' ...

Quale espressione italiana corrisponde al disegno?
Come direste in tedesco?

99 Modo di dire

Cielo a pecorelle, acqua a catinelle.

Quando il cielo è cosparso di nuvole la cui forma ricorda quella delle pecorelle, si dice che presto pioverà.

100 Abbreviazioni

Sapete che cosa significano queste abbreviazioni italiane?

1. U.S.L.
2. S.P.A.
3. R.A.I.

98 Was zum Lachen ...

Welcher italienische Ausdruck entspricht dem Bild?
Wie würden Sie auf Deutsch sagen?

▶ **Lösung**

cadere dalla padella vom Regen in die Traufe kommen
nella brace *(wörtl.:* von der Pfanne in die Glut fallen)

99 Redensart

Himmel mit Schäfchen, Wasser in Schüsseln.

Man sagt, dass es bald regnen wird, wenn es am Himmel viele
Wolken gibt, deren Form an kleine Schäfchen erinnert.

100 Abkürzungen

Wissen Sie, was diese italienischen Abkürzungen bedeuten?

▶ **Lösung**

1. **USL: Unità sanitaria locale**
   Lokale Sanitätsbehörde
2. **S.P.A.: Società per azioni**
   Aktiengesellschaft (AG)
3. **RAI: Radiotelevisione italiana**
   Italienische Rundfunk- und Fernsehanstalt

101 Verità italiane

	vero	falso
1. Si mette l'olio nell'acqua della pasta.		
2. Si mette il parmigiano su un sugo di pesce.		
3. La pasta alla carbonara si fa senza panna.		
4. Gli spaghetti si mangiano senza il cucchiaio.		
5. Si beve il cappuccino dopo cena.		

102

Modo di dire

L'ospite è come il pesce:
dopo tre giorni puzza.

Quando si è ospiti di qualcuno per molto tempo, si può dare fastidio. Questo modo di dire indica che è meglio andare a trovare qualcuno spesso, ma per poco tempo.

101 Italienische Wahrheiten

	richtig	falsch
1. Man gießt ein wenig Olivenöl ins Nudelwasser.		
2. Man isst Parmesan zu einer Pasta mit Fischsoße.		
3. Man macht **Pasta alla carbonara** ohne Sahne.		
4. Man isst Spaghetti ohne Löffel.		
5. Man trinkt Cappuccino nach dem Abendessen.		

▶ **Lösung**

1. falso
2. falso
3. vero
4. vero
5. falso

102 Redensart

Der Gast ist wie der Fisch:
nach drei Tagen stinkt er.

Wenn man zu lange bei jemandem zu Gast ist, kann es sein, dass man irgendwann stört. Diese Redensart will sagen, dass es besser ist, jemanden häufig, aber kurz zu besuchen.

103 Chi paga?

1. Due amici, un uomo e una donna, decidono di uscire insieme a mangiare. Chi paga?

2. E' la fine dell'anno scolastico e gli studenti organizzano una serata in pizzeria con i professori. Chi paga?

3. E' il mio compleanno e vado al bar con gli amici. Chi paga?

4. Ho invitato degli amici a passare il weekend nella mia casa in campagna. L'ultima sera si va al ristorante. Chi paga?

5. Un gruppo di dieci persone va al ristorante. Come si paga?

104

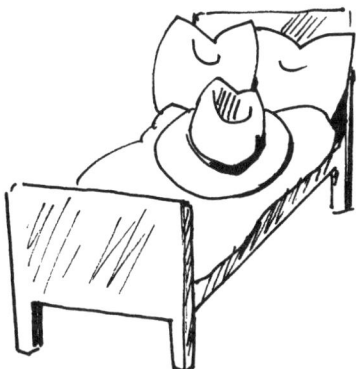

Superstizione

In Italia i superstiziosi dicono che mettere il cappello sul letto porti sfortuna.

103 Wer bezahlt?

1. Ein Mann und eine Frau (gut befreundet) entscheiden sich, am Abend zusammen ins Restaurant zu gehen. Wer bezahlt?
2. Es ist das Ende des Schuljahres. Die Schüler haben einen Abend mit den Lehrern in einer Pizzeria organisiert. Wer bezahlt?
3. Es ist mein Geburtstag, und ich werde mit einigen Freunden in einem Lokal etwas trinken. Wer bezahlt?
4. Über das Wochenende habe ich Freunde in mein Landhaus eingeladen. Am letzten Abend gehen wir alle ins Restaurant. Wer bezahlt?
5. Eine Gruppe von 10 Leuten geht ins Restaurant. Wie bezahlt man?

▶ **Lösung**

1. der Mann; normalerweise laden in Italien die Männer die Frauen ein, mit Ausnahmen natürlich. Unter guten Freunden könnte es auch passieren, dass der Mann und die Frau sich abwechselnd einladen.
2. die Schüler
3. die Freunde
4. die Freunde
5. man teilt die gesamte Summe durch 10

104 Aberglaube

In Italien sagen abergläubische Menschen, dass es Unglück bringt, den Hut auf dem Bett liegen zu lassen.

105 Modo di dire

Lontan dagli occhi, lontan dal cuore.

106 Una tazzina di caffè

Siete degli esperti di caffè? Allora saprete sicuramente di che caffé si tratta.

1. caffè lungo	**a)** un caffè con un po' di latte
2. caffè corretto	**b)** un caffè con poca acqua
3. granita di caffè	**c)** un caffè che è diventato ghiaccio
4. caffè ristretto	**d)** un caffè con molta acqua
5. caffè macchiato	**e)** un caffè con un po' di grappa

107 Un po' di matematica

Scrivete i risultati in lettere e poi inseriteli nella filastrocca qui sotto, che serve per ricordarsi quanti giorni hanno i mesi.

$3 \times 10 =$ _____

$7 \times \ \ 4 =$ _____

$31 \times \ \ 1 =$ _____

_____ giorni ha novembre,

con april, giugno e settembre,

di _____ ce ne è uno,

tutti gli altri ne han _____.

105 Redensart

Aus den Augen, aus dem Sinn.
(wörtl.: Weit von den Augen, weit vom Herzen.)

106 Ein Tässchen Kaffee

Sind Sie Kaffeeexperte? Dann wissen Sie sicherlich, um welche Art von Kaffee es sich hier handelt.

▶ **Lösung**

1. **d) caffè lungo**   verlängerter Kaffee
2. **e) caffè corretto**   mit einem Schuss Schnaps
3. **c) granita di caffè** körniges Eis aus Kaffee
4. **b) caffè ristretto** kleiner, starker Kaffee
5. **a) caffè macchiato** Kaffee mit einem Schuss Milch

107 Ein bisschen Mathematik

Schreiben Sie die Ergebnisse in Buchstaben. Ergänzen Sie dann den kleinen Reim, den man benutzt, um sich zu merken, wie viele Tage die Monate haben.

30 Tage hat November,
mit April, Juni und September,
mit 28 gibt es nur einen,
die restlichen haben 31.

▶ **Lösung**

1. **trenta**
2. **ventotto**
3. **trentuno**

108 Abbreviazioni

Che cosa significano queste abbreviazioni?

1. ecc.
2. Spett.
3. pag.
4. Sig.

109 Modo di dire

Al cuor non si comanda.

E' la versione italiana del proverbio di Blaise Pascal „Il cuore ha ragioni, che la ragione non conosce".

110 Personaggi

Chi è che cosa?

1. Politico	**a)** Alberto Moravia
2. Cantante	**b)** Gianfranco Ferré
3. Stilista	**c)** Giuseppe Tornatore
4. Scrittore	**d)** Angelo Branduardi
5. Regista	**e)** Lamberto Dini

Lo sapete?

108 Abkürzungen

Was bedeuten diese Abkürzungen?

▶ **Lösung**

1. **eccetera**   et cetera
2. **Spettabile**   an *(im förmlichen Brief)*
3. **pagina**   Seite
4. **Signor**   Herr

109 Redensart

Man kann dem Herzen nichts befehlen.

Das ist die italienische Version des Sprichworts von Blaise Pascal „Das Herz hat seine Gründe, die die Vernunft nicht kennt".

110 Persönlichkeiten

Wer ist was?

1. Politiker   **a)** Alberto Moravia
2. Sänger   **b)** Gianfranco Ferré
3. Modemacher   **c)** Giuseppe Tornatore
4. Schriftsteller   **d)** Angelo Branduardi
5. Regisseur   **e)** Lamberto Dini

Wissen Sie es?

▶ **Lösung**

1. e)   2. d)   3. b)   4. a)   5. c)

111

Superstizione

I superstiziosi sostengono che regalare perle o fazzoletti sia come regalare lacrime. Probabilmente l'origine della credenza deriva dal fatto che i fazzoletti vengono usati anche per asciugarsi gli occhi quando si piange e l'associazione delle perle alle lacrime ricorre già in alcune fiabe popolari, per esempio in una dei fratelli Grimm, in cui una principessa piange perle.

112 Che bella pianta!

Che significati può avere la parola *pianta*? Trovate le definizioni corrette!

l'albero genealogico   *la parte sottostante del piede*

un vegetale   **PIANTA**   *le linee della mano*

il sistema circolatorio

una cartina di una città

111 Aberglaube

Abergläubische Menschen behaupten, dass Perlen oder Taschentücher zu verschenken Tränen zu verschenken bedeutet. Wahrscheinlich ist dieser Volksglaube deswegen entstanden, weil man Taschentücher auch verwendet, um die Augen zu trocknen, wenn man weint. Auch die Verbindung zwischen Perlen und Tränen taucht schon in einigen Märchen auf, z.B. in einem der Brüder Grimm, in dem eine Prinzessin Perlen weint.

112 Was für eine schöne Pflanze!

Welche Bedeutungen kann das Wort *pianta* haben? Finden Sie die richtigen Definitionen!

ein Stammbaum   eine Fußsohle

eine Pflanze   **PIANTA**   Handlinie

der Kreislauf   ein Stadtplan

▶ **Lösung**

1. **la pianta del piede**
   Marco ha bisogno di scarpe speciali, perchè ha una pianta del piede particolare. Marco braucht besondere Schuhe, weil er eine besondere Fußsohle hat.
2. **la pianta della città**
   Cerco la pianta (della città) di Roma.
   Ich suche den Stadtplan von Rom.
3. **un vegetale**
   Che belle piante che hai a casa tua!
   Du hast wirklich schöne Pflanzen bei dir zu Hause!

113

Acqua in bocca!

In molti modi di dire compare la parola *acqua*. Eccone qui
alcuni, leggeteli e cercate il corrispondente in tedesco.

1. sentirsi come un pesce fuor d'acqua

_____

2. avere l'acqua alla gola

_____

3. tirare l'acqua al proprio mulino

_____

4. fare un buco nell'acqua

_____

114 **Giocare con i numeri**

Provate a scoprire che cosa significano queste espressioni.

1. fare due passi
2. sudare sette camicie
3. farsi in quattro
4. in quattro e quattr'otto

113 Wasser im Mund
(italienische Redewendung = „kein Wort darüber")

In vielen Redensarten kommt das Wort ***acqua*** vor. Hier sind einige davon, lesen Sie sie, und suchen Sie die deutsche Entsprechung.

▶ **Lösung**

1. sich in seiner Haut nicht wohl fühlen
   (wörtl.: sich wie ein Fisch außerhalb des Wassers fühlen)
2. das Wasser bis zum Halse haben
3. seinen eigenen Vorteil suchen
   (wörtl.: Wasser zur eigenen Mühle ziehen)
4. etwas nicht schaffen, einen Schlag ins Wasser landen
   (wörtl.: ein Loch ins Wasser machen)

114 Mit Zahlen spielen

Versuchen Sie herauszufinden, was diese Ausdrücke bedeuten.

1. **fare due passi**
2. **sudare sette camicie**
3. **farsi in quattro**
4. **in quattro e quattr'otto**

▶ **Lösung**

1. **spazieren gehen** *(wörtl.: zwei Schritte machen)*
2. **sehr hart arbeiten** *(wörtl.: sieben Hemden schwitzen)*
3. **sich für jemanden halb umbringen** *(wörtl.: sich in vier machen)*
4. **im Handumdrehen** *oder* **im Nu** *(wörtl.: in acht und acht-vier)*

115 Cercate l'intruso!

Uno di questi nomi non va bene in questo gruppo.
Trovatelo e dite perchè.

Tevere   Arno   Po   Dora Baltea   Assisi

116

Che dice il diavolo?

In questi modi di dire compare la parola *diavolo*. Riuscite
a trovare il corrispettivo in tedesco?

1. avere un diavolo per capello

_____

2. essere come il diavolo e l'acqua santa

_____

3. fare il diavolo a quattro

_____

4. mandare al diavolo

_____

117 Modo di dire

Chi la fa, l'aspetti.

115 Suchen Sie den „Eindringling"!

Einer dieser Namen passt nicht zu dieser Gruppe.
Finden Sie heraus welcher, und sagen Sie warum.

▶ **Lösung**

Assisi

Assisi ist die einzige Stadt, die anderen sind wichtige Flüsse:
Drei davon fließen durch Großstädte: der Tiber durch Rom,
der Arno durch Florenz und der Dora durch Turin. Der vierte
Fluss, der Po, ist der längste Italiens.

116 Was sagt der Teufel?

In diesen Redewendungen kommt das Wort *diavolo* (Teufel) vor.
Können Sie jeweils die deutsche Entsprechung finden?

▶ **Lösung**

1. schlecht gelaunt sein *(wörtl.:* einen Teufel pro Haar haben)
2. wie Hund und Katze sein *(wörtl.:* wie Teufel und Weih-
   wasser sein)
3. einen Höllenlärm machen *(wörtl.:* den Teufel mal vier
   machen)
4. zum Teufel schicken

117 Redensart

Wie du mir, so ich dir.
(wörtl.: Wer etwas getan hat, erwartet es.)

118 Modo di dire

Per apparire, bisogna soffrire.

Il detto significa che quando si vuole apparire belli, per esempio per una serata speciale, può capitare che il bel paio di scarpe o il bel vestito o il bel paio di pantaloni pensati per quella sera, siano scomodi. Se però questi capi d'abbigliamento sono quanto di meglio al momento abbiamo, dobbiamo rassegnarci e, per fare bella figura, soffrire un po'.

119 Indovinello

Va da un posto all'altro senza muoversi.

120

Superstizione

Se durante una cena dello spumante o del vino si rovescia sulla tavola è un buon segno: ci si umidifica addirittura le dita e si mette un po' di vino dietro le orecchie della persona a cui si vuole bene. Il considerare il vino sulla tavola come buon segno nasce probabilmente dal bisogno di sdrammatizzare una situazione che può creare lamentele: „La tovaglia pulita!" oppure „Guarda cosa hai fatto!".

118 Redensart

Wer schön sein will, muss leiden.

Diese Redensart bedeutet: Wenn man schön sein will, z. B. für einen besonderen Abend, kann es passieren, dass man leiden muss, z. B. wegen der schönen Schuhe oder wegen des schönen Kleides oder der Hose, die unbequem sind. Wenn diese Kleidungsstücke das Beste sind, was man hat, muss man sich damit abfinden und ein bisschen leiden, um schön auszusehen.

119 Rätsel

Sie geht von einem Ort zum anderen, ohne sich zu bewegen.

▶ **Lösung**

la strada   die Straße

120 Aberglaube

Es ist ein gutes Zeichen, wenn Sekt oder Wein während eines Abendessens auf dem Tisch verschüttet wird. Man soll die verschüttete Flüssigkeit mit den Fingern berühren und damit die Person, die man lieb hat, hinter den Ohren. Abergläubische Menschen interpretieren das vielleicht als gutes Zeichen, um die Situation zu entschärfen, denn man könnte Beschwerden erwarten: „Die saubere Tischdecke!" oder „Schau mal, was du getan hast!"

121 Indovinello

Non sono penna ma scrivo
su un foglio tutto nero.

122 Modo di dire

Il vino buono sta nelle botti piccole.

Il detto significa che spesso le cose migliori non compaiono
in maniera grandiosa: al contrario, sono nascoste e bisogna
cercarle. Il modo di dire sprona allo stesso tempo a non
disprezzare immediatamente le piccole cose, perchè non
è importante la quantità, bensì la qualità.

123

I denti

Conoscete i nomi dei
denti in italiano?

121 Rätsel

Ich bin kein Kugelschreiber,
aber ich schreibe auf einem vollkommen schwarzen Blatt.

▶ Lösung

il gesso die Kreide

122 Redensart

Der gute Wein ist in kleinen Fässern.

Diese Redensart bedeutet, dass die besseren Sachen oft nicht
so auffallen. Ganz im Gegenteil, sie sind versteckt, und man
muss sie suchen. Die Redensart spornt gleichzeitig dazu an,
Kleinigkeiten nicht zu verachten, denn entscheidend ist nicht
die Quantität, sondern die Qualität.

123 Die Zähne

Kennen Sie die Bezeichnungen für die Zähne auf Italienisch?

▶ Lösung

1. l'incisivo   der Schneidezahn
2. il dente canino   der Eckzahn
3. il molare   der Backenzahn
4. il dente del giudizio der Weisheitszahn

124 Viva la pasta!

Conoscete i diversi tipi di pasta?
Allora abbinate i nomi con le figure!

1. Fusilli
2. Rigatoni
3. Farfalle
4. Pipe rigate
5. Penne

125 Citazione

Il fine giustifica i mezzi.

Con questa frase, Niccolò Machiavelli (1469–1527), uomo
politico al servizio della famiglia dè Medici voleva dire che ...

1. la fine della vita è la cosa più importante.
2. i metodi di lavoro sono fondamentali per raggiungere uno
   scopo.
3. per raggiungere uno scopo prefissato, è permesso usare
   qualsiasi mezzo.

124 **Es lebe die Pasta!**

Kennen Sie die verschiedenen Pastasorten? Dann kombinieren Sie die Namen mit den Bildern!

▶ **Lösung**

1. d)   2. c)   3. a)   4. e)   5. b)

125 **Zitat**

Das Ziel rechtfertigt die Mittel.

Mit diesem Satz meinte Niccolò Machiavelli (1469–1527), Politiker im Dienst der Familie Medici, dass …

1. das Ende des Lebens das Wichtigste ist.
2. die Arbeitsmethoden das Wichtigste sind, um sein Ziel zu erreichen.
3. jedes Mittel erlaubt ist, um ein Ziel zu erreichen.

▶ **Lösung**

3.

126 Musica

Rispondete alle seguenti domande!

Quando è che ...

1. tutto è freddo e può nevicare?
2. cominciano a spuntare le prime foglie?
3. fa caldo, tanto caldo?
4. cadono le foglie?

Come si chiama il brano musicale dedicato a questi periodi dell'anno e chi è il suo autore?

127 Slang

Quando si dice che *qualcuno è un cannone* vuol dire che questa persona ha delle doti eccezionali. Provate ad abbinare i modi di dire della prima colonna con le definizioni della seconda.

1. essere una scarpa   **a)** essere molto dotato per qualcosa
2. essere un treno   **b)** non essere molto dotato/a
3. essere un mago   **c)** essere molto veloce
4. essere una bomba   **d)** essere molto bello/a

126 Musik

Beantworten Sie die Fragen!

Wann ...

1. ist es sehr kalt und es kann schneien?
2. sprießen die ersten Blätter?
3. ist es warm, sehr warm?
4. fallen die Blätter?

Wie heißt das Musikstück, das diesen Zeiten gewidmet ist, und wer ist sein Autor?

▶ **Lösung**

    1. in inverno   im Winter
    2. in primavera im Frühling
    3. in estate   im Sommer
    4. in autunno   im Herbst

    „Le quattro stagioni" di Antonio Vivaldi
    „Die vier Jahreszeiten" von Antonio Vivaldi

127 Slang

Wenn man sagt, dass *jemand eine Kanone ist*, bedeutet das, dass diese Person besonders begabt ist. Versuchen Sie, die Redensarten der ersten Spalte mit den Definitionen der zweiten zu verbinden.

1. ein Schuh sein   **a)** besonders begabt sein
2. ein Zug sein   **b)** nicht besonders begabt sein
3. ein Zauberer sein **c)** sehr schnell sein
4. eine Bombe sein   **d)** sehr schön sein

▶ **Lösung**

    1. b)   **2.** c)   **3.** a)   **4.** d)

128 Superstizione

I superstiziosi consigliano di non regalare scialli, perchè può essere interpretato dalla persona che lo riceve come un segno per indicarle che la sua presenza è indesiderata e che deve partire.

Un equivalente moderno, che però non ha valore di superstizione, potrebbe essere il regalare dei saponi o degli shampoos: sembra indicare alla persona che li riceve, che non si lavi abbastanza.

129 Gesti

Che cosa vuol dire il seguente gesto?

Picchiare due o tre volte con le nocche su qualcosa.

130 Modo di dire

Il mattino ha l'oro in bocca.

128 Aberglaube

Abergläubische Menschen empfehlen, keinen Schal zu verschenken, weil die Person, die das Geschenk erhält, dies als Aufforderung zum Gehen interpretieren könnte und den Eindruck bekommen könnte, nicht erwünscht zu sein.
Ein heutiges Äquivalent könnte sein, Seifen und Shampoos zu verschenken: Es scheint so, als wollte man dem Menschen klarmachen, dass er sich nicht genug wäscht.

129 Gesten

Was bedeutet folgende Geste?

Mit den Knöcheln ein paar Mal auf etwas schlagen.

▶ Lösung

Sei cocciuto!   Du bist aber ein Dickkopf!

130 Redensart

Morgenstund hat Gold im Mund.

131 Risotto alla milanese

Ingredienti per 4 persone: 1 cipolla di media grandezza, 2 o 3 dadi, 400 g di riso, burro, mezzo bicchiere di vino, 2 bustine di zafferano, 150 g di parmigiano grattuggiato.

Preparate una gran pentola piena d'acqua: fate bollire l'acqua e lasciate il fuoco acceso. In un'altra pentola mettete del burro, la cipolla tritata e fatela dorare; aggiungeteci il riso crudo, i dadi e date una girata. Dall'altra pentola prendete una mestolata d'acqua e versatela sul riso. Girate e aspettate che il riso abbia assorbito l'acqua. Continuate così fino a cottura del riso (un paio di volte, invece dell'acqua, potete aggiungere del vino). Spegnete e prima di servire aggiungete ancora un po' di burro, le due bustine di zafferano e il parmigiano (abbondante).

Naturalmente potete variare un po' le dosi degli ingredienti secondo il vostro gusto: se vi piace il sapore del parmigiano, mettetene un po' di più; se vi sembra che il riso sia scipito, aggiungete un altro dado; se volete il riso più giallo un'altra bustina di zafferano e così via.

131 Reis auf mailändische Art

Zutaten für 4 Personen: 1 Zwiebel (mittelgroß), 2 oder 3 Brüh-
würfel, 400 g Reis, Butter, ein halbes Glas Wein, 2 Safranbeutel,
150 g geriebener Parmesan.

Füllen Sie einen großen Topf mit Wasser, und bringen Sie es
zum Kochen. In einem anderen Topf braten Sie die gehackte
Zwiebel mit Butter leicht an. Geben Sie den Reis und die Brüh-
würfel hinzu, und rühren Sie ein wenig um. Aus dem ersten Topf
nehmen Sie kochendes Wasser und gießen es auf den Reis,
dabei sollten Sie umrühren und abwarten, bis der Reis das
Wasser aufgesaugt hat. Setzen Sie dies fort, bis der Reis gar ist
(ein paar Mal können Sie auch Wein statt Wasser hinzugeben).
Jetzt schalten Sie den Herd aus und fügen noch ein wenig Butter,
die 2 Safranbeutel und den Parmesan hinzu. Umrühren und
dann servieren.

Selbstverständlich können Sie die Menge der Zutaten nach Ihrem
Geschmack variieren. Gefällt Ihnen der Parmesangeschmack,
so fügen Sie ruhig ein bisschen mehr hinzu; schmeckt Ihnen der
Reis zu fad, geben Sie noch einen Brühwürfel in das Wasser;
wünschen Sie den Reis gelber, dann fügen Sie noch einen
Safranbeutel hinzu und so weiter.

132

Evoluzioni

Cambiate le lettere sottolineate e otterrete il nome di un altro
animale. Scegliete tra le lettere proposte!

1. to<u>p</u>o   _____   l   r   m   q

2. <u>g</u>atto   _____   s   c   r   b

3. <u>cer</u>vo   _____   m   l   t   r

133 Indovinello del mese

Dimmi un po' cos'è la cosa
che mai dorme o si riposa.

132 Evolution

Tauschen Sie die unterstrichenen Buchstaben aus und Sie werden den Namen eines anderen Tieres erhalten. Wählen Sie einen der vorgeschlagenen Buchstaben.

1. Maus
2. Hund
3. Hirsch

▶ **Lösung**

    1. toro   Stier
    2. ratto Ratte
    3. merlo Amsel

133 Rätsel des Monats

Sag mir mal, was das wohl ist,
das nie schläft oder sich ausruht.

▶ **Lösung**

    l'acqua del fiume   das Wasser eines Flusses